Portaci alla Purezza

Una raccolta di insegnamenti
di Mata Amritanandamayi

Compilata da Swami Jnanamritananda

Mata Amritanandamayi Center, San Ramon
California, Stati Uniti

Portaci alla Purezza

Una raccolta di insegnamenti di Sri Mata Amritanandamayi
Compilata da Swami Jnanamritananda

Pubblicato da:
Mata Amritanandamayi Center
P.O. Box 613
San Ramon, CA 94583
Stati Uniti

——————————— *Lead us to Purity (Italian)* ——————————

Prima edizione a cura del MA Center: agosto 2016

In Italia: www.amma-italia.it

In India:
inform@amritapuri.org
www.amritapuri.org

O Essere Supremo,
guidaci dall'irrealtà alla Verità
dall'oscurità alla Luce
dalla morte all'Immortalità.
Om, pace, pace, pace.

– *Brihadaranyaka Upanishad (1:3:28)*

Indice

Prefazione

Questo libro contiene una raccolta di discorsi che Amma tenne in India tra il 1990 e il 1999. Mentre Amma espone le verità della vita in un'ottica spirituale e in modo incontestabile dal punto di vista logico, il lettore riceve non solo una nuova prospettiva esistenziale, ma anche un'ispirazione a vivere secondo i principi universali, esposti con chiarezza veramente cristallina. Come una mamma che parla al suo bambino, con semplici parole Amma porta alla luce principi profondi. In questo libro ci vengono fornite risposte essenziali alle numerose domande che la maggior parte di noi si è posta, o che avrebbe voluto fare prima o dopo.

Il lettore troverà che alcuni discorsi contengono gli stessi esempi o storie. Queste rare ripetizioni sono state lasciate così com'erano, perché gli esempi sono particolarmente belli, si adattano perfettamente al testo e inoltre gli editori non hanno ritenuto di dover interferire in alcun modo con i discorsi di Amma.

Ogni frase pronunciata da lei ci aiuta a capire qual è lo scopo fondamentale della vita e ci mostra le strade per realizzare quell'obiettivo. Le parole di Amma ci guidano e ci incoraggiano verso una vita veramente ricca di significato e completa.

Parte prima

Figli dell'immortalità

Messaggi di compleanno di Amma

Possano i miei versi procedere
come fa il sole sul suo cammino.
Possano tutti i figli dell'Immortalità ascoltare,
anche quelli che sono ascesi al cielo.

– Shvetashvatara Upanishad (2:5)

Amma mentre guarda i suoi figli durante la celebrazione del suo compleanno

Osservare il dharma è la fonte e il sostegno del dharma

Messaggio per il compleanno di Amma del 1990

Alle celebrazioni del compleanno di Amma nel 1990 parteciparono circa 20.000 persone di ogni estrazione sociale, provenienti da ogni parte dell'India, e anche centinaia di devoti occidentali. Alla fine degli anni novanta la folla è cresciuta fino a superare le 50.000 persone.

Miei cari figli[1], ad Amma[2] fa piacere vedere che nel giorno del suo compleanno voi siete così felici e vi impegnate nel servizio disinteressato.

Questa e nessun'altra è la gioia che Amma prova in celebrazioni come quella di oggi, ed ella ha acconsentito a questo festeggiamento proprio per vedere la felicità dei suoi figli. Miei cari figli, vedervi gentili e compassionevoli l'un l'altro la rallegra molto. Amma è più contenta quando vi offrite volontari per pulire una latrina che quando lavate e adorate i suoi piedi. Siate solerti a servire il mondo con la stessa passione e devozione che mostrate nel servire Amma. La vera adorazione dei suoi piedi consiste nell'impegnarsi in modo altruistico per eliminare la sofferenza dal mondo. Amma sarebbe veramente felice se i suoi figli considerassero il giorno del suo compleanno come il momento per asciugare le lacrime di coloro che soffrono.

---

[1] Amma si riferisce alle persone chiamandole suoi figli e figlie. Quando parla di loro spesso dice "i figli".

[2] Amma significa "mamma" in malayalam. Solitamente ella fa riferimento a se stessa chiamandosi "Amma".

Coltivare un atteggiamento di rinuncia

Se amate Amma e volete che sia felice, fate il voto di rinunciare almeno a una cattiva abitudine per ogni suo compleanno: con ciò, voi mostrereste il vostro vero amore per lei. Se per esempio le sigarette dessero realmente la felicità, non sarebbero tutti in grado di trarre felicità dal fumo? Ma questo non accade: alcune persone non possono sopportare il loro l'odore perché le disturba. La felicità non dipende dagli oggetti, ma dalla mente. Se riusciamo a controllare la nostra mente, possiamo provare gioia senza dover ricorrere all'aiuto di oggetti esterni. Perché sprecare allora denaro e mettere in pericolo la salute? I fumatori prendano l'impegno di non fumare più da oggi in poi; il denaro così risparmiato potrà essere speso per l'istruzione di bambini bisognosi. Coloro che bevono alcolici, si ripromettano di smettere di bere. E ancora, per un vestito si spendono spesso tra le cento e le cinquecento rupie, e alcune di voi comprano almeno dieci sari all'anno. Compratene nove quest'anno e utilizzate il denaro risparmiato acquistando medicine per le persone povere e ammalate. Figli, se voi amate Amma, se amate l'Essere Supremo, dovete essere pronti ad accettare un simile atteggiamento di rinuncia.

Figli miei, senza la rinuncia non si può realizzare Dio. *Tyagenaike amritavamanashuh* - "Solo attraverso la rinuncia si può ottenere l'immortalità". Per raggiungere una meta qualsiasi si deve rinunciare a qualcosa. Per superare un esame occorre studiare con impegno, tenendo bene a mente l'obiettivo. Se si vuole costruire un ponte, è necessario lavorare con grande cura e pazienza. In ogni impresa, l'atteggiamento di rinuncia è alla base del successo: non si può attraversare l'oceano del *samsara*[3] se manca lo spirito della rinuncia. Senza di esso, la recitazione dei mantra non porterà alcun beneficio e, indipendentemente dalle volte che si ripete il

---

[3] Il mondo della pluralità; il ciclo di nascita, morte e rinascita.

mantra, non sarà possibile realizzare la nostra divinità prediletta[4] (*Istha Devata*). La divinità apparirà a coloro che possiedono lo spirito di rinuncia, anche se non ripetono il mantra. Tutti gli esseri divini accorreranno ad aiutarli nel loro lavoro. Questo non significa che non bisogna ripetere un mantra, ma che dobbiamo attuare questi principi nella nostra vita. Non basta seminare: la perfezione si raggiunge compiendo delle buone azioni con un vero atteggiamento di rinuncia. Le nostre buone azioni mostrano quanto siamo cresciuti.

La compassione verso i poveri è il nostro dovere verso Dio

Preghiamo compiendo delle circoambulazioni attorno al tempio, invocando a gran voce: "Krishna! Krishna!", e poi, quando ce ne andiamo, se i mendicanti alla porta implorano: "Aiutami! Sto morendo di fame!", non li degniamo nemmeno di uno sguardo. Gridiamo: "Andate via!" e proseguiamo il cammino, senza neppure rivolgere loro uno sguardo gentile.

C'era un discepolo a cui non piaceva fare la carità. Il suo maestro spirituale lo sapeva e si recò da lui camuffato da mendicante, arrivando mentre il devoto era impegnato a offrire del latte e dei frutti a una immagine del maestro stesso. Il maestro lo implorò di dargli del cibo, ma il discepolo lo scacciò, urlando: "Qui non c'è niente per te!". Il maestro, allora, si tolse il travestimento e il discepolo affranto si prostrò ai suoi piedi.

Tutti noi siamo come quel discepolo: amiamo solo ciò che è esteriore, non l'essenza interiore. Offriamo latte e *payasam* (un dolce a base di riso) a un ritratto, ma non doniamo nemmeno una monetina a un mendicante! Amma non intende dire che dobbiamo ricoprire d'oro i mendicanti. Al contrario, dobbiamo

---

[4] La divinità che si è scelta di adorare in accordo con la nostra natura, l'oggetto del nostro più alto desiderio e scopo supremo della vita.

fare attenzione quando diamo del denaro alle persone, perché molte lo spenderanno in alcool o droghe; possiamo però donare cibo, vestiti e parole gentili. È questo il nostro dovere verso Dio. Figli miei, nutrite quindi gli affamati e aiutate i sofferenti.

Dio è ovunque, è onnipresente. Che cosa possiamo offrirgli? Il vero amore e la vera devozione a Dio si esprimono soltanto attraverso un comportamento compassionevole nei confronti dei poveri e dei bisognosi.

Figli miei, questo è il messaggio di Amma per voi: confortate i sofferenti e assistite i poveri. Scacciare i poveri o borbottare parole di disprezzo nei loro confronti non è un segno di devozione. Nessuna preghiera, per quanto intensa, potrà dare frutti se la reciteremo mentre facciamo del male o parliamo male degli altri. Offriamo parole di conforto a chi ci chiede aiuto, accogliamolo con un sorriso, liberiamoci dell'arroganza e siamo umili. Anche se ci accorgiamo che una persona commette qualche errore, cerchiamo di essere disposti a perdonare ogni cosa. Questi sono diversi aspetti della preghiera e tali preghiere sono ben accette a Dio.

Anche se ripetiamo il nostro mantra un milione di volte e partecipiamo a innumerevoli pellegrinaggi, non realizzeremo Dio se siamo mal disposti nei confronti degli altri o li tiranneggiamo. Versare il latte in un recipiente sporco non farà altro che rovinare il latte. Le buone azioni purificano la mente.

Figli miei, Amma vi chiede - non vi ordina, perché non ha il potere di dare ordini a nessuno - di ripromettervi seriamente di rinunciare a una cattiva abitudine o a un oggetto voluttuario. Non ci sono altri modi per rendere fruttuose le nostre preghiere.

Va compiuto ogni sforzo per plasmare il cuore in modo tale da essere pronti ad aiutare chi vive nell'indigenza e a consolare i sofferenti. Si dice che per espandere la mente occorre dare cibo e non rivolgere parole offensive a chi ha fame. Non dimenticheremo mai il volto di chi ci ha aiutato quando eravamo in difficoltà.

Se per sbaglio c'infiliamo un dito nell'occhio, non tagliamo il dito, ma lo perdoniamo e accarezziamo l'occhio perché l'occhio e la mano sono nostri. Figli, nello stesso modo, dobbiamo fare del nostro meglio per amare gli altri, perdonando i loro errori. Questo è il vero amore per Dio. Quelli che hanno un tale amore nei loro cuori riceveranno la grazia di Dio.

Alcune persone arrivano da Amma e dicono: "Amma, ho tutti questi problemi. Ti prego, fai un *sankalpa* (risoluzione divina) per me!". Ma non appena sbarcano sulla terraferma col traghetto dell'ashram, le vediamo dirigersi immediatamente verso un negozio di liquori. Altre sono addirittura ubriache quando vengono qui. Amma non è in collera con loro né chiede loro spiegazioni, ma anche se facesse un sankalpa in loro favore, esse non riuscirebbero a trarne beneficio, perché la loro mente è come un sasso e la loro vita è piena di egoismo.

La preghiera

Potete recarvi in visita all'ashram per molti anni, ricevere il *darshan* di Amma e offrire infinite preghiere, ma perché tutte queste pratiche siano fruttuose dovete anche compiere buone azioni. Quando venite qui, potete liberarvi dei pesi che gravano sulla vostra mente. Tuttavia, alcuni fra coloro che vengono qui sono solo preoccupati di tornare a casa il prima possibile. Quale sorta di abbandono è questo?

Amma prova solitamente dispiacere nel vedere il dolore dei suoi figli, ma nei confronti di alcuni il suo cuore non si scioglie perché la sua mente le dice: "Quella persona è egoista. Guarda quanto denaro ed energia sta spendendo in cose illusorie! Perché Amma dovrebbe fare un sankalpa per chi non è disposto a rinunciare nemmeno a una piccola parte del suo egoismo?". Questa è la ragione per cui alcune persone non ottengono quello che vorrebbero. Come può Amma riversare la sua compassione su chi conduce una vita basata solo sul proprio interesse?

Sono le buone azioni compiute e le preghiere dei figli che rendono fruttuoso un sankalpa di Amma. Senza di esse i suoi figli non avranno alcun beneficio, anche se Amma compie una risoluzione in loro favore. Come una stazione televisiva trasmette i programmi e noi possiamo riceverli solo se sintonizziamo il nostro apparecchio sulla giusta frequenza, così dovete sintonizzare la vostra mente sul mondo di Dio per ottenere qualche beneficio.

Cercate di fare almeno un passo verso l'Essere Supremo e vedrete poi quanti passi l'Essere Supremo farà verso di voi! Coloro che rinunciano all'egoismo, compiono buone azioni e pregano nel giusto modo, non dovranno affrontare nessun dolore. Conoscete la storia di Kuchela[5]? Queste non sono solo storie, sono vere esperienze e quanto numerose sono queste esperienze!

Figli miei, dovete pregare con amore e devozione: il cuore deve sciogliersi mentre pregate. Le lacrime sono a volte considerate una debolezza, ma versare lacrime per la visione di Dio non è per niente una debolezza. Come una candela brilla ancora di più mentre si consuma, così le lacrime sono un mezzo che ci aiuta a rendere la mente più aperta. Le nostre lacrime lavano le impurità della mente e questo ci rafforza. Piangere è però una debolezza quando lo si fa per cose che sono irreali ed esaurisce la vostra forza. Versare lacrime d'ansia per le cose future è un segno di debolezza e poi, quando sarà il momento di agire, avrete perso tutta la vostra forza piangendo e vi ammalerete.

Se vi siete feriti, applicate la medicazione appropriata: è inutile continuare solo a piangere. Alcuni genitori sono schiacciati dall'ansia per i preparativi del matrimonio dei figli: incapaci di dormire, ricorrono ai sonniferi e nel giorno del matrimonio la madre o il padre finisce in ospedale. Amma vede numerosissime persone la cui capacità di giudizio è così fragile. Vi sono alcuni che si preoccupano per la casa da costruire e, quando questa è

---

[5] Vedi glossario

terminata, il proprietario non riesce nemmeno a varcare la soglia perché ha avuto un attacco di cuore. Oggigiorno, la maggior parte della gente perde il proprio entusiasmo, energia e salute per l'ansia, causata da numerosi eventi simili a quelle citati: questa è debolezza. Al contrario, quando si versano lacrime per Dio, ci si ritrova con maggiore entusiasmo, energia e pace.

Lo scopo di avere fede in Dio e di pregare non è quello di conquistare il paradiso dopo la morte. Alcuni dicono che i maestri spirituali e gli ashram incoraggiano la superstizione e che sono luoghi solo per gli illusi. Ma quelli che fanno affermazioni simili non comprendono la verità, mancano di intelligenza. Sono le loro menti ad avere qualcosa che non va. I maestri spirituali ci insegnano come possiamo superare le nostre debolezze mentali e come essere sicuri di non interferire nell'armonia della vita. Gli ashram sono dei centri dove vengono impartiti questi insegnamenti.

Nell'edilizia si usano dei tondini di acciaio per rinforzare il cemento; senza di essi gli edifici potrebbero crollare. Possiamo paragonare la fede in Dio a questi tondini: essa fortifica la mente debole. Se si ha fede, non si piangerà per le cose illusorie e si smetterà di bramare per il loro possesso.

Leggiamo sui giornali che ogni giorno molte persone si suicidano. Nella maggior parte dei casi, il motivo che spinge al suicidio non riguarda né la salute né la ricchezza, ma dipende da una mancanza di forza mentale. Questa fragilità mentale scomparirà se riusciamo a far nascere in noi la vera fede in Dio. Grazie ad essa, la mente si calma e noi siamo in grado di superare le piccole difficoltà di tutti i giorni senza soccombere.

Figli miei, rifugiatevi dunque, totalmente, nel Supremo, in Dio. Abbiate una mente forte, in modo da non essere afflitti dalla tristezza: tutto ciò di cui avrete bisogno verrà a voi. Se questo non accade, ditelo ad Amma! Accadrà senz'altro. Amma parla dalla sua lunga esperienza.

Esercitate la moderazione

La maggior parte dei figli di Amma che vengono qui pensa già a tornare a casa non appena arriva. Essi sono preoccupati perché devono prendere l'autobus e, subito dopo avere incontrato Amma, s'inchinano davanti a lei frettolosamente e scappano via. Molti di loro hanno una sola cosa da dirle: "Amma, non c'è nessuno a casa, quindi dobbiamo andarcene immediatamente. Tra poco parte l'autobus". L'abbandono non si esprime a parole, ma con le azioni; quei figli sono incapaci di abbandonarsi completamente alla Verità Suprema anche in quell'unico giorno in cui sono qui. Anche se incontrano Amma, sono pochi davvero quelli che cercano il sentiero che conduce a Dio in mezzo a tutte le lamentele e le richieste che le presentano. Questo non significa che si devono ignorare le questioni materiali, ma dobbiamo renderci conto che esse sono impermanenti. Figli miei, anche se per giorni e giorni abbiamo provato a inseguire le cose del mondo trascurando cibo e sonno, ciò che abbiamo ottenuto è solo sofferenza. Non dimenticatelo! Così, d'ora in poi, quando visitate un tempio o un ashram, almeno allora, dedicate un po' del vostro tempo interamente a Dio, mettendo da parte i vostri attaccamenti.

C'era una volta un re che decise di lasciare il trono e di iniziare a vivere da *vanaprastha*[6]. Deliberò di donare tutte le sue ricchezze ai sudditi, dando qualsiasi cosa le persone gli chiedessero. Un giovane andò da lui e gli descrisse i suoi problemi. Il re gli diede una notevole quantità di ricchezze, ma il giovane non era soddisfatto perché sua moglie, mentre egli s'incamminava

---

[6] Tradizionalmente, in India, ci sono quattro stadi della vita. *Vanaprastha* rappresenta il terzo stadio. Quando i figli di una coppia sono grandi abbastanza da prendersi cura di se stessi, i genitori si ritirano in un eremitaggio o in un ashram, dove conducono una vita dedita solo alla spiritualità, compiendo pratiche spirituali.

verso il palazzo, gli aveva detto: "Torna solo quando il re ti avrà dato il massimo possibile". Vedendo la cupidigia dell'uomo, il re disse: "C'è un fiume qui in cui crescono dei preziosi coralli, e tu puoi impossessartene". Il giovane fu elettrizzato dalla notizia e il re continuò: "Ma c'è una condizione. Ti verranno concesse esattamente dodici ore. Prendi una barca, rema più lontano che puoi e ritorna entro il tempo stabilito. Potrai rivendicare come tua la parte del fiume che avrai percorso e tutto il corallo trovato lì sarà tuo; ma se ritornerai in ritardo, anche solo di un secondo, non avrai niente". L'uomo si dichiarò d'accordo. Nel giorno stabilito, la gente affollava entrambe le rive del fiume per vederlo remare. Sua moglie e i suoi amici lo incitavano a ottenere la proprietà dell'intero fiume, indipendentemente da quanto potesse essere faticoso riuscirci. Gli ricordarono quale grande impresa sarebbe stata divenire il proprietario di una tale fortuna. L'uomo era eccitato e iniziò a remare. Lo fece per sei ore e poi per cupidigia decise di proseguire ancora. Passarono altre due ore. A quel punto gli restavano solo quattro ore per tornare al punto di partenza: in metà tempo doveva coprire tutta la distanza che aveva fatto in otto ore, perciò iniziò a remare molto rapidamente. La moglie e gli amici lo incoraggiavano e lo spronavano, gridando: "Il tuo sforzo sarà completamente sprecato se arriverai in ritardo anche solo di un secondo! Affrettati! Rema velocemente!" Essendo ancora lontano dal traguardo e avendo quasi terminato il tempo, egli remò con tutta la sua forza, ma il petto cominciò a dolergli. Ciò nonostante, egli non si fermò, premette una mano sul torace mentre remava con l'altra. Era talmente esausto che iniziò a vomitare sangue, ma tuttavia non smise di remare per la bramosia di maggiore ricchezza. Alla fine riuscì a tornare al punto di partenza un secondo prima dello scadere del tempo stabilito. Sua moglie e gli amici danzavano dalla gioia, ma il giovane crollò a terra ed esalò l'ultimo respiro proprio sul traguardo.

La moglie si trovava ora a dover risolvere il problema di come portare il corpo a casa, che era molto lontano da lì. Era necessario trasportarlo in qualche modo. La moglie disse: "In ogni caso egli è morto. Dovrei noleggiare un veicolo se volessi riportare il corpo a casa. Devo crescere i bambini e non ho soldi sufficienti per affittare un qualsiasi mezzo, quindi seppelliamolo qui, da qualche parte! Sarà sufficiente". E fu così che tutto finì per il giovane uomo: due metri sotto terra. Nessuno lo accompagnò, né sua moglie, né gli amici che lo avevano spinto a ottenere tutta quella ricchezza immeritata, né i suoi figli, nessuno di loro andò con lui. Ugualmente non lo seguì nessuna delle sue ricchezze. Questa è la vita, figli miei! Si vive senza concedere alla mente neppure un momento di pace. Si è costantemente preoccupati per la famiglia e per il denaro e spesso si agisce senza scrupoli per ottenere i beni materiali. Ma alla fine si porta forse qualcosa con sé? No.

La sofferenza inizia quando sorgono i desideri per le cose terrene. Anche se i desideri vengono soddisfatti, la sofferenza è lì dietro l'angolo, perché ciò che desideriamo non è permanente. Lo perderemo domani, se non oggi. Solo Dio è fonte di pace duratura. Potete evitare la sofferenza se comprendete che i piaceri materiali non durano per sempre e incominciate e vivere tenendo questo bene in mente.

Amma non sta dicendo che gli averi o gli oggetti terreni non sono necessari. Lasciate che ce ne siano a sufficienza per andare incontro alle vostre necessità, ma non molti di più. Siate consapevoli di ciò che è eterno e vi dà pace e impegnatevi per ottenerlo. Il paradiso e l'inferno esistono qui, su questa terra. È la mente che crea il paradiso e l'inferno, quindi occorre tenerla sotto controllo.

Non si avranno allora più esperienze di dolore, ma ci sarà solo beatitudine, beatitudine e beatitudine.

Amma dopo la pada puja svoltasi il giorno del suo compleanno

La vera devozione: la devozione nei confronti del principio divino

Messaggio per il compleanno di Amma del 1991

Figli miei, chiudete gli occhi e calmate la mente, lasciate andare tutti i pensieri e concentratevi sui piedi della vostra divinità prediletta. Non pensate alla vostra casa, al lavoro o all'autobus che dovete prendere per ritornare a casa, pensate solo alla vostra amata divinità. Non parlate, ripetete invece il nome di Dio. È inutile annaffiare i rami di un albero; se invece si annaffiano le radici, l'acqua raggiungerà tutte le parti dell'albero. Focalizzatevi, quindi, solo sui piedi della divinità, perché pensare a qualsiasi altra cosa è inutile, è come bagnare i rami dell'albero.

Se la vostra barca è legata alla sponda, anche remando vigorosamente, non riuscirete ad attraversare il fiume; in modo simile, anche pregando a lungo, se la mente è legata alla famiglia o alla ricchezza, non otterrete il frutto delle preghiere. Quando pregate, quindi, fate in modo che la mente si abbandoni completamente a Dio. Figli miei, solo questo darà dei risultati.

Nel mondo della spiritualità non esistono né la nascita né la morte. Giungeremo dinanzi alla porta del regno di Dio il giorno in cui abbandoneremo l'idea che "siamo nati", poiché il regno dell'Essere Supremo si trova oltre la vita e la morte.

Amma ha acconsentito a queste celebrazioni solo per la gioia dei suoi figli. Questo è il momento in cui la vostra rinuncia, l'amore e lo spirito di uguaglianza si manifestano con più evidenza. Amma ha inoltre l'occasione di vedere insieme tutti i suoi figli.

Non rincasate, dopo essere stati qui, senza avere fatto nulla! Ritornate a casa solo dopo aver ripetuto il mantra e avere meditato un po'. La pratica spirituale è la nostra sola vera ricchezza ed è per questo che Amma vuole che recitiate l'*archana*.[7]

Amma dà grande importanza alla preghiera, ma c'è chi sottovaluta il nostro cammino spirituale affermando che si tratta semplicemente di devozione (*bhakti*). Essi considerano la devozione inferiore. Alcune persone negano l'esistenza di Dio e altre lo concepiscono come privo di forma e attributi specifici. Esse pensano che la devozione sia una debolezza. È vero che adorare molte divinità differenti o spiriti malvagi è solo devozione cieca. La vera devozione ci insegna a vedere in noi stessi e in ogni cosa l'unico Essere Supremo che pervade tutto.

C'era un uomo che veniva considerato da tutti come un grande devoto. Una mattina presto, un suo amico andò a trovarlo, ma gli fu riferito che l'uomo era troppo occupato a venerare il Signore Ganesha per riceverlo. Dopo un po' il visitatore domandò di nuovo e apprese che il suo amico stava ora offrendo una *puja* (rituale sacro) al Signore Shiva. Il visitatore andò allora a fare una buca nel cortile e dopo qualche momento s'informò nuovamente. Il suo amico stava ora adorando la Madre Divina e il visitatore si mise allora a scavare un'altra buca. Quando alla fine il padrone di casa uscì, dopo aver compiuto tutte le varie puja, trovò il cortile pieno di buche e chiese all'amico cosa fosse successo. Questi rispose: "Volevo dell'acqua e a quest'ora ne avrei già trovata in abbondanza se, mentre ti aspettavo, io avessi fatto una sola buca invece di scavare tutte queste buche separate. Ma ora l'unica cosa che tutte queste buche riescono a dimostrare è soltanto quanto tempo e quanta energia siano stati inutilmente sprecati!". Il devoto capì ciò che il suo amico voleva dire: se il tempo che aveva impiegato per adorare diverse divinità fosse stato usato per focalizzare la sua mente su una sola divinità, avrebbe raggiunto il suo scopo

---

[7] Una forma di adorazione in cui i nomi di una divinità vengono recitati, di solito per 108, 300 o 1.000 volte.

già da molto tempo, perché tutte le divinità non sono altro che proprio quell'unico Dio che risiede in noi. L'uomo rinunciò alla sua devozione immatura e primitiva, divenendo un vero devoto.

La preghiera ha un ruolo fondamentale nella pratica spirituale. Pregare non è un segno di debolezza, perché se lo facciamo con fede e sincerità possiamo risvegliare l'amore che giace sopito in noi. Potremmo paragonare l'atto del pregare a una tecnica di pesca con cui si cattura il pesce proiettando una luce nell'acqua.

La devozione è in realtà la capacità di discriminare (*viveka*) tra l'eterno e il transitorio; le azioni che si compiono consapevoli di ciò che è eterno e di ciò che è perituro sono vera devozione.

C'è un'altra ragione per cui la devozione è importante. Possiamo progredire rapidamente nella nostra pratica spirituale se seguiamo lo stesso metodo che abbiamo adottato in precedenza nel corso della nostra vita. Durante la nostra infanzia, trovavamo la felicità sedendo in grembo alla mamma; un poco più tardi, sperimentavamo la gioia condividendo i nostri piaceri e dispiaceri con gli amici e, crescendo, abbiamo trovato un marito o una moglie a cui confidare i nostri dolori. Perciò, man mano che attraversiamo le varie fasi della nostra vita, tendiamo a mantenere la mente focalizzata su una qualche persona e questo comportamento ci aiuta a trovare la felicità. Una mente di questo tipo può non riuscire a elevarsi subitamente al livello in cui viene adorato l'Essere Supremo senza forma, così è più pratico adorare Dio con una forma.

Anche se ci convinciamo razionalmente che Dio non ha forma né attributi, ce ne dimentichiamo quando si presenta una situazione particolare. C'era un uomo che aveva l'abitudine di tenere il calamaio alla sinistra della sua scrivania e ogni volta che scriveva intingeva la penna nell'inchiostro. Un giorno spostò l'inchiostro alla destra del tavolo. Sebbene sapesse che il flaconcino si trovasse a destra, la mano andava automaticamente a sinistra per intingere la penna, perché quel gesto a lungo ripetuto era diventato parte della sua natura. In modo simile, ciascuna nostra abitudine ci condiziona. Le abitudini non si possono cambiare velocemente.

Per anni ci siamo abituati ad appoggiarci a qualcosa, ma questo tipo di dipendenza dai modelli di comportamento dettati dall'abitudine può anche esserci utile nella nostra pratica spirituale: può essere più facile ottenere la purezza interiore in questo modo piuttosto che in un altro. Per questo Amma vi consiglia di prendere rifugio nella vostra amata divinità nel corso della vostra vita. Liberate la mente dall'attaccamento agli averi, alla famiglia, agli amici, alla posizione, alla fama, ecc. e fissatela solo su Dio. Distogliete l'attaccamento presente e la devozione da tutte queste cose e rivolgeteli a Dio.

Ripetendo il mantra della propria divinità preferita, si può ridurre il numero di pensieri nella mente da 100 a 10. Recitandolo con sempre maggiore intensità, la mente si calmerà e diventerà limpida come un cristallo; e proprio come il riflesso del sole vi appare nitido sulla superficie di un lago calmo, così potrete vedere chiaramente la forma dell'Essere Supremo nella mente quando essa sarà del tutto ferma. Questa non è una via poco efficace o grossolana, è la scorciatoia verso la meta suprema.

Amma non insiste perché seguiate un particolare sentiero. Avete la libertà di sceglierne uno qualsiasi e non crediate che uno sia superiore o inferiore a un altro, perché tutti quanti conducono all'unica e stessa Verità e vanno tutti rispettati.

Iddli, dosha e *puttu*[8] sono piatti diversi, ma sono tutti fatti con il riso e tutti riescono a placare la fame. Si può scegliere quello che si adatta meglio ai propri gusti e capacità digestive. Anche i maestri hanno indicato strade diverse adatte a preferenze diverse, poiché le persone che appartengono a culture differenti hanno sensibilità

---

[8] Pietanze indiane tradizionali

differenti e anche se i sentieri possono sembrare disparati, la loro essenza è la medesima e conducono tutti alla stessa meta.

Il servizio, il passaporto per Dio

Amma nota parecchi cambiamenti nei suoi figli rispetto all'anno scorso. Molti, ma non tutti, hanno smesso di fumare, di bere e di concedersi dei lussi. L'anno prossimo Amma vorrebbe vedere un simile cambiamento in un numero ancora maggiore, nel doppio di voi: questo sarebbe allora un vero regalo di compleanno!

Alcuni di voi provengono da luoghi molto lontani e hanno dovuto prendere diversi autobus e affrontare numerose difficoltà per arrivare all'ashram; pare, tuttavia, che non abbiano la pazienza di stare qui neanche un po'. Ci sono altri che, una volta giunti qui, si dedicano al pettegolezzo e al fumo e alcune persone arrivano addirittura ubriache. Figli miei, quando arrivate qui, dopo avere speso tanto tempo e denaro e aver affrontato diverse scomodità, dovreste ricordarvi che siete venuti per focalizzarvi su Dio. Durante la vostra permanenza, cercate di rivolgere la mente all'interno, meditando e ripetendo il mantra in solitudine. Miei cari figli, dovete sviluppare l'atteggiamento della preghiera e del servizio disinteressato, allontanando il vostro egoismo grossolano.

Sapete che la beatitudine non risiede negli oggetti, ma è dentro di voi. Quando la nostra felicità dipende dagli oggetti esterni, perdiamo la nostra forza. La vera felicità non proviene da simili cose, perché se la si potesse trovare nell'alcol o nelle droghe, coloro che ne fanno uso non avrebbero motivo di finire negli ospedali psichiatrici. Poiché essi cercano la felicità all'esterno, si trovano sempre a piangere di disperazione. Chi fuma può leggere chiaramente l'avvertimento scritto sui pacchetti di sigarette: "Fumare nuoce alla salute". Tuttavia, pur avendo letto quelle parole, accende lo stesso una sigaretta! Simili persone sono divenute schiave della loro abitudine, sono deboli, poiché chi è coraggioso si regge sulla propria forza. Dipendere da oggetti esterni non è segno di coraggio, ma di schiavitù. Ci sono individui che si preoccupano di ciò che gli altri possono pensare se non fumano e non bevono, e questi sono i più codardi, i più deboli.

Cari figli miei, così tante persone indigenti lottano per il loro prossimo pasto o per un cambio di abiti. Numerosissimi bambini interrompono la scuola perché non hanno modo di pagare la retta. Molti poveri vivono in case con i tetti rotti, perché non hanno i soldi per costruirne di nuovi, e ce ne sono molti altri che sono malati e soffrono in preda a dolori terribili, non potendosi permettere di comprare le medicine capaci di alleviare il loro male. Il denaro che le persone spendono nel fumo o nel bere, che rovinano completamente la loro salute e la loro vita, sarebbe sufficiente ad aiutare i poveri che soffrono.

Il vero amore per Amma è la compassione che mostrate per i sofferenti. Coltivate un atteggiamento di servizio verso gli altri, anche se ciò vorrà dire sacrificare il vostro stesso comfort. Dio allora verrà da voi correndo e vi abbraccerà.

Figli miei, non è possibile raggiungere Dio solo con la preghiera. Non potete ottenere l'autorizzazione al viaggio verso la Liberazione senza il passaporto del servizio disinteressato. Solo chi compie azioni altruistiche è qualificato per raggiungere Dio, per conseguire lo scopo della Liberazione.

L'estrema importanza della pratica costante

Amma sa che anche se lei vi ripete che la beatitudine è dentro di voi e non è qualcosa che può essere trovato al di fuori, voi non potrete accogliere completamente questa verità finché non l'avrete sperimentata.

Una madre e suo figlio vivevano in una casa infestata dai topi e il figlio incominciò a pensare al modo di uccidere tutti i topi. Per prima cosa pensò di prendere un gatto, ma poi decise che una trappola per topi sarebbe stata più adatta. Non avendo però abbastanza denaro per comperarla, decise di costruirne una lui stesso. Cominciò a preparare il materiale e mentre era impegnato nel lavoro, il ragazzo improvvisamente incominciò a sentire che lui stesso si stava trasformando in un topo! Questa sensazione divenne tanto forte da farlo tremare di paura al pensiero di essere catturato da un gatto. Sua madre notò che si stava lasciando prendere dal panico e alla domanda su cosa non andasse, il ragazzo rispose: "Sta arrivando il gatto!". "E allora?", chiese la madre. Il ragazzo terrorizzato esclamò: "Io sono un topo! Se il gatto mi vede, mi mangerà!". Più volte ella cercò di tranquillizzarlo, dicendo: "Figlio, ti assicuro che non sei un topo!", ma al ragazzo rimase la paura e continuò a insistere con la sua affermazione. Alla fine la mamma lo prese e lo portò dal medico che disse: "Tu non sei un topo. Guardami e guarda queste persone. Sei diverso da loro?". Mise il ragazzo davanti a uno specchio e la paura del ragazzo scomparve. Egli tornò a casa con la madre, ma quando furono vicini a casa, un gatto attraversò la strada. Non appena lo vide, il ragazzo cambiò d'umore e gridò: "Oh no! C'è un gatto!", e corse a nascondersi dietro a un albero. La madre lo riportò subito dal dottore che disse: "Non ti ho spiegato che tu sei un essere umano e non un topo? E come puoi, allora, ancora spaventarti quando vedi un gatto?". Il ragazzo rispose: "Dottore, io so che sono un essere umano e non un topo, ma il gatto non lo sa!".

Figli, non importa quanto a lungo si studino le Scritture, non conta quante volte ci si dica che si ha la forza di superare ogni problema; se non si è riusciti a portare la mente completamente sotto controllo, nel momento della difficoltà si esiterà ancora. Si può udire infinite volte che non si è il corpo, la mente, o l'intelletto e che si è l'incarnazione della beatitudine, ma ci si dimentica di questo quando si incontrano dei problemi anche banali. La pratica costante è pertanto essenziale se si vuole essere forti nell'affrontare le difficoltà. È necessario addestrare la mente a rimanere continuamente in questa consapevolezza. La mente deve essere allenata a rimuovere gli ostacoli dal nostro cammino, nella convinzione che noi non siamo agnelli, ma cuccioli di leone. Qualsiasi dolore ci colpisca, dobbiamo abbandonarci a Dio e compiere le nostre azioni senza paura. Piuttosto che compromettere la salute continuando a rimuginare, è molto meglio offrire tutto quanto ai piedi di Dio e impegnarci con coraggio nell'azione. Non potendo cambiare le circostanze abbandonandosi al dolore o lamentandosi a gran voce, perché indulgere nella tristezza? Se ci feriamo, dobbiamo applicare una medicazione sulla ferita, non limitarci a piangere. Allo stesso modo, in ogni momento di crisi è bene cercare un rimedio, senza esitare.

Figli miei, se non riuscite a controllare completamente la vostra tristezza, meditate e ripetete il vostro mantra per un po' di tempo oppure leggete qualche testo sacro. Tenete fissa la vostra mente su qualche compito che vi piaccia, invece di lasciarla vagabondare, e allora la mente si calmerà. In questo modo non sprecherete tempo né vi rovinerete la salute.

Quando si assicura una macchina o un edificio, il proprietario è libero dalle preoccupazioni, poiché sa che, in caso di incidente, la compagnia di assicurazione gli rimborserà il danno. In modo simile, chi agisce con la mente abbandonata al Supremo non ha bisogno di avere paura, perché in ogni momento di crisi Dio sarà lì ad aiutarlo, guidarlo e proteggerlo!

Come fare la carità

Figli miei, la nostra ispirazione al servizio deve provenire dal sentire la compassione verso i poveri, dalla commozione sincera dinanzi al dolore altrui. Se lavoriamo un po' più a lungo anche quando siamo molto stanchi, quello sforzo, offerto altruisticamente senza aspettarsi nulla in cambio, mostrerà la nostra dedizione al lavoro. Se il denaro che riceviamo in cambio di questo lavoro verrà usato per aiutare i poveri, sarà un segno della nostra compassione. Figli, la sola preghiera non è sufficiente, dobbiamo compiere anche buone azioni.

Per ottenere un impiego non bastano i titoli di studio, occorre anche una presentazione. Se vogliamo preparare del payasam, non possiamo limitarci a mettere il riso in una pentola con l'acqua e farlo bollire, dobbiamo anche aggiungere zucchero di canna e cocco grattugiato, perché solo mettendo insieme tutti gli ingredienti giusti riusciremo a fare il payasam. In modo simile, la preghiera da sola non ci assicura di meritare la grazia divina. Il servizio disinteressato, la rinuncia, l'abbandono e la compassione sono tutti ingredienti essenziali.

C'era una volta un uomo che, sebbene fosse molto ricco, non aveva pace mentale. Pensando che sarebbe stato felice per sempre se solo avesse potuto raggiungere il paradiso, cercò i consigli di molte persone per capire come fare. Dopo lunghe ricerche, si imbatté in un monaco che gli disse: "Puoi raggiungere il paradiso compiendo gesti di carità, ma non devi esprimere giudizi verso le persone a cui la fai, e il tuo denaro deve essere dato generosamente." Il ricco comperò molte mucche che decise di donare. Non spese molto perché comperò dei vecchi animali che nessun altro avrebbe voluto. Il monaco gli aveva anche detto di non contare il denaro che avrebbe elargito. Cambiò così un po' di soldi in monetine, in modo tale che, pur donando a piene mani, non sarebbe comunque arrivato a una grossa cifra. La data dell'evento caritatevole venne pubblicizzata in anticipo. Il monaco, conoscendo piuttosto bene l'uomo ricco, era preoccupato che le azioni che costui avrebbe fatto per garantirsi il paradiso, lo avrebbero invece condotto all'inferno e decise di cercare di salvarlo. Si travestì da mendicante e si unì alla fila delle persone che aspettavano di ricevere le offerte. Gli furono riempite le mani di monetine e gli venne donata una mucca che non era altro che un mucchio di ossa, troppo debole per camminare. Dopo aver ricevuto queste cose, il monaco regalò al ricco una ciotola d'oro che lo riempì di gioia al pensiero di aver ricevuto qualcosa che aveva un valore di gran lunga superiore rispetto a quello che aveva donato! Il monaco travestito disse all'uomo: "Ho una richiesta da farti. Ti prego di ridarmi quella ciotola quando arriveremo in paradiso!". L'uomo ricco rimase allibito: "Ridartela quando arriveremo in paradiso! Com'è possibile? Si deve morire prima di andare in paradiso e, quindi, come possiamo portare queste cose con noi? Quando saremo morti nessuno di questi oggetti ci seguirà!".

Il ricco incominciò a pensare a ciò che aveva appena detto, cioè che niente ci accompagnerà oltre la soglia della morte. E fu così che la saggezza si fece strada nella sua mente e pensò: "Quando moriremo, non potremo portare nessuna ricchezza con noi. E allora, perché essere così misero con questi poveri? Che peccatore sono stato nell'essere così avaro!". Il ricco cadde ai piedi del santo uomo che gli aveva aperto gli occhi. Chiese perdono per gli sbagli che aveva commesso verso i suoi fratelli. Distribuì le sue ricchezze senza alcun rimpianto e, mentre lo faceva, sperimentò una beatitudine che non aveva mai provato prima nella sua vita.

Figli miei, anche se molti di noi fanno dei regali, la maggior parte dona con grande difficoltà. Ricordate questo, figli: per quanto ricchi, nessuno dei nostri tesori resterà con noi per sempre. Perché quindi essere avari? Dobbiamo fare il possibile per aiutare chi soffre. Questa è la vera ricchezza. Questa è la strada per trovare la pace e la serenità.

Figli miei, dobbiamo abbandonare la mente a Dio e questo non è facile perché la mente non è un oggetto che si può prendere e dare via. Tuttavia, quando cediamo qualcosa a cui la mente è attaccata, quell'azione equivale ad abbandonare la mente. Attualmente, la mente di quasi tutte le persone è più attaccata alla ricchezza che non a qualsiasi altra cosa, compresi i propri cari. Molti, addirittura, sapendo che potranno dividersi il patrimonio di famiglia solo dopo la morte dei genitori, sono pronti persino a sbarazzarsene in un modo o nell'altro! E se per caso scoprono che la quota di eredità a cui hanno diritto è più piccola di quella che si aspettavano, intentano magari una causa contro i loro stessi genitori! Il loro amore per i beni è più forte di quello per i genitori.

Quando rinunciamo alla ricchezza alla quale la mente è attaccata, abbandoniamo in realtà la mente. Solo le preghiere che fluiscono da un cuore che ha sviluppato questo atteggiamento di abbandono daranno frutti. Dio non ha bisogno dei nostri averi o del nostro prestigio, proprio come il sole non ha bisogno della luce di una candela. Gli unici a trarre beneficio dal nostro abbandono siamo noi. Con l'abbandono diventiamo pronti a ricevere la grazia di Dio e possiamo gioire di beatitudine per sempre. Presto o tardi le nostre ricchezze terrene finiranno certamente, ma se noi poniamo Dio al loro posto possederemo la gioia eterna.

Le piccole cose possono privarci del controllo mentale e, come risultato, perdiamo la concentrazione mentre lavoriamo e diventiamo incapaci di dimostrare amore alla famiglia e agli amici. Gradualmente sviluppiamo dell'amarezza e dell'odio verso ogni cosa nella vita. Perdiamo il sonno a causa della mancanza di pace interiore e arriviamo a un punto in cui non riusciamo più a dormire senza l'aiuto di pillole. Quanti di questi esempi possiamo vedere intorno a noi! Con un'autentica fede in Dio, la meditazione, la ripetizione del mantra e la preghiera possiamo guadagnare abbastanza forza per affrontare ogni situazione senza paura. Allora saremo in grado di fare qualsiasi cosa con piena attenzione, sia in circostanze a noi favorevoli che avverse.

Quindi, figli miei, senza sprecare tempo, recitate il vostro mantra e comportatevi in modo altruistico e disinteressato: queste sono le cose che ci conducono alla pace e all'armonia.

Vedere solo il bene in ogni cosa

Figli miei, se amate veramente Dio dovete smettere di trovare difetti negli altri. Dio non risiederà mai in una mente incline alla critica. Non cercate di trovare colpe in ogni persona: ricordate che è solo perché queste mancanze sono in noi che scorgiamo quelle negli altri.

C'era una volta un re che chiese a tutti i suoi sudditi di creare una scultura e di portargliela. Quando giunse il giorno stabilito, molti andarono al suo palazzo con le loro sculture. Il re chiese al suo ministro di valutare ogni pezzo e di assegnare un premio in base al merito. Il ministro non trovò una sola cosa carina da dire su nessuna scultura! Secondo lui, ognuna di loro aveva uno o più difetti. Egli disse al re: "Nessuno dei tuoi sudditi ha fatto un lavoro artistico che sia degno di lode". Le parole del ministro dispiacquero al re che, con voce grave, rispose: "Ogni persona ha creato qualcosa secondo la propria abilità e conoscenza. È vero che nessuno di loro ha fatto un capolavoro e dobbiamo ricordarcene quando valutiamo il loro lavoro. Niente in questo mondo può essere definito 'perfetto' o 'completo'; ogni cosa avrà sempre qualche difetto. Ma il fatto che tu non sia riuscito a trovare una sola scultura che abbia una qualche qualità che possa meritare anche solo un piccolo premio, mi dice che tu non sei adatto a fare il ministro!". Il re lo sollevò dal suo incarico e così, proprio colui che riusciva a vedere solo delle mancanze negli altri, perse il suo lavoro. Figli miei, indubbiamente ogni cosa ha in sé qualcosa di buono, ma bisogna avere gli occhi per vederla.

Quando quelli che cercano di vedere solo il bene negli altri ripetono il mantra anche solo una volta, ne hanno un beneficio come se lo avessero recitato dieci milioni di volte. Il cuore di Amma si scioglie quando pensa a tali persone. Dio darà loro tutto quello di cui hanno bisogno.

Amma mentre canta i bhajan durante la celebrazione del suo compleanno

Diventare uno nell'amore

Messaggio per il compleanno di Amma del 1992

Figli miei, l'anima non ha nascita né morte; anche il pensiero che si è nati deve morire. Il prenderne coscienza è lo scopo di questa nascita come esseri umani. Se è così, vi chiederete, perché, allora, Amma ha acconsentito a queste celebrazioni? Perché lei è felice di vedere tutti voi riuniti qui, mentre ripetete il mantra divino. I riti compiuti in gruppo hanno un valore speciale. Questo giorno soddisfa un vostro desiderio, vi rende tutti gioiosi e il vedere i suoi figli contenti rende felice Amma. Inoltre, per voi oggi è un giorno di rinuncia: qui non godete delle comodità di casa vostra, lavorate duramente in nome di Amma, senza mangiare né dormire, e vi impegnate in attività che alleviano e danno conforto ai sofferenti. Figli miei, sono questi gli atti che conducono al risveglio del Sé (*Atman*).

Certamente avremmo potuto aiutare molti poveri con il denaro speso per questa festa, ma nella società odierna non è sempre possibile evitare simili celebrazioni. Come nella fabbricazione di gioielli d'oro è necessario aggiungere qualche particella di rame all'oro puro, così, per elevare il livello di coscienza delle persone, occorre identificarsi con loro. Se Amma ha commesso qualche piccolo errore, vi prega di perdonarla!

Figli miei, avete appena recitato il mantra *"Om Amriteshwaryai Namah"*. Figli, questa divinità è l'essenza del nettare del Sé Immortale (*Atmamrita*) che risiede nel loto dai mille petali che si trova sulla sommità del vostro capo (*sahasrara chakra*). Questo è ciò che dovete realizzare. Scoprite il vostro potere interiore. Cercate di trovare in voi la beatitudine, non fermatevi a questo corpo e ai suoi miseri centocinquanta centimetri. Questo è il vero significato del mantra.

Pregare per la devozione

Figli miei, una volta che avete sviluppato amore verso Dio, non potrete pensare a nient'altro. Se alcuni si lamentano dicendo: "Da quanti anni invoco Dio, vado al tempio e faccio delle *puja*, tuttavia nella mia vita c'è sempre sofferenza!", Amma risponderà che tali persone non hanno affatto invocato Dio, perché la loro mente era piena di altre cose. Chi prova amore per Dio non ha dispiaceri. C'è solo beatitudine nella vita di chi è completamente immerso nell'amore per Dio. Quando hanno tempo, queste persone, di pensare ai propri dispiaceri o ad altri problemi? In ogni cosa e in ogni luogo esse non vedono altro che la loro amata divinità. Se si prega Dio, si deve pregare mossi solo dall'amore per Lui e non per ottenere dei vantaggi materiali. Quando Amma pensa all'amore per Dio, le viene in mente la storia della moglie di Vidura. Vidura e sua moglie erano grandi devoti del Signore Krishna. Un giorno Vidura lo invitò a casa sua. Entrambi aspettavano ansiosamente il giorno della visita di Krishna, non pensavano che a lui: "Quando verrà, come potremo riceverlo degnamente? Cosa gli offriremo? Cosa gli diremo?". Tali erano i pensieri che assillavano Vidura e sua moglie. Arrivò infine il giorno; fecero tutti i preparativi necessari per la visita del Signore e poco prima del momento tanto atteso, la moglie di Vidura andò a fare il bagno. Fu proprio in quel momento, però, che Krishna giunse, prima del previsto. Una domestica andò a riferire alla donna che Krishna era appena arrivato. La donna corse fuori, esclamando: "Krishna, Krishna!", e si avvicinò al Signore, dimenticandosi completamente che fino a un momento prima stava facendo il bagno. Portò dei frutti per il Signore, gli preparò un posto a sedere e, mentre compieva queste azioni, ripeteva continuamente: "Krishna, Krishna!". In questo stato di devozione non era consapevole di null'altro e così finì per occupare il posto di Krishna, mentre lui si mise a sedere sul pavimento! Ma la donna non si rese conto di nulla: sbucciò una banana, gettò via il frutto e, piena d'amore, offrì la buccia a Krishna, che la gustò sorridendo. Fu allora che Vidura entrò nella stanza. Rimase stupefatto dalla scena: sua moglie, completamente nuda, gocciolante, che dava da mangiare al Signore delle bucce di banana e occupava il posto destinato a Krishna, mentre il Signore era seduto per terra! Non poteva credere ai suoi occhi: lei gettava via la banana e nutriva Krishna con la buccia! E Krishna si stava godendo tutto questo come se non vi fosse nulla di strano.

Vidura era furioso: "Disgraziata! Cosa stai facendo?", gridò a sua moglie. Fu solo allora che lei tornò in sé e prese coscienza di quello che aveva fatto. Corse fuori dalla stanza e ritornò poco dopo indossando vestiti puliti. Poi, lei e il marito fecero sedere il Signore sulla sua sedia, adorarono i suoi santi piedi come avevano stabilito, e offrirono a Krishna le molte prelibatezze che avevano preparato. La donna scelse una bella banana e dopo averla sbucciata gliela offrì. Al termine, il Signore disse: "Anche se avete eseguito tutti questi rituali esattamente come vuole la tradizione, essi non possono competere con l'accoglienza che ho ricevuto al mio arrivo! Nulla di ciò che ho mangiato in seguito aveva un sapore così buono come quella buccia di banana che mi è stata offerta all'inizio!". Il motivo di ciò era che, mentre gli offriva la buccia di banana, la moglie di Vidura si era completamente dimenticata di se stessa, persa nella devozione.

Figli miei, questa è la devozione che occorre avere. Dimentichiamoci di noi stessi in presenza di Dio. Allora non esiste più alcuna dualità, non c'è più né "io" né "te". E allora non servono più i rituali, utili ad aiutarci a superare il nostro senso di dualità. Questo è dunque il genere di amore che dobbiamo avere verso Dio. Nel nostro cuore non deve esserci posto per niente altro che per Dio. Un fiume è delimitato da due sponde, ma il letto del fiume è uno solo. In ugual modo, anche se si parla di Dio e del devoto, del maestro e del discepolo, è l'amore che ci porta al principio unificante del Sé. Così, figli miei, la nostra preghiera a Dio deve essere: "Fa' che ti ami e che possa dimenticare tutto il resto!". Questa è la ricchezza duratura della vita, la sorgente della beatitudine. Se riusciamo a sviluppare una simile devozione, avremo realizzato lo scopo della vita.

La compassione – il primo passo nella spiritualità

Figli miei, quando Amma dice che dovreste provare devozione verso Dio, non vi invita semplicemente a pregare. L'amore per Dio non significa sedersi da qualche parte a piangere per Lui, bensì riuscire a sentire la Sua presenza in tutti gli esseri. Sono anche il nostro sorriso e la nostra gentilezza verso gli altri a rivelare la devozione e l'amore che nutriamo per Dio. Quando con la devozione il nostro cuore si apre a Dio, queste cose accadono spontaneamente: allora non ci arrabbieremo più né saremo sgarbati con nessuno.

Un giorno un povero si ammalò così gravemente da non essere in grado di lavorare. Non avendo niente da mangiare per alcuni giorni, si indebolì. Avvicinò molte persone, implorandole di dargli un po' di cibo, ma nessuno gli prestò alcuna attenzione. Bussò a molte porte, ma tutti lo cacciavano via. Il poveruomo fu sopraffatto dallo sconforto e sentendo che non voleva vivere in un mondo così crudele, decise di mettere fine ai suoi giorni. Ma era molto affamato e pensò: "Se soltanto potessi placare la mia fame, almeno morirei in pace!". Decise allora di chiedere del cibo ancora una volta. Si diresse verso una capanna dove viveva una donna. Con sua sorpresa, lei gli disse gentilmente di sedersi e andò nella capanna a prendere un po' di cibo, ma non appena entrò si accorse che il recipiente nel quale l'aveva conservato era rovesciato: il gatto l'aveva fatto cadere e aveva mangiato il cibo. Tornò fuori e, con grande tristezza, disse all'uomo: "Mi spiace tanto! In casa avevo un po' di riso e delle verdure che speravo di darti, ma il gatto ha divorato tutto, non è rimasto più niente e non posso darti del denaro perché non ne ho. Scusami se ti ho deluso per questo!". L'uomo rispose: "Ma tu mi hai dato ciò di cui avevo bisogno. Ero malato, ho chiesto a molte persone di darmi da mangiare, ma tutte mi hanno respinto. Nessuno di loro ha avuto una parola gentile per me. Sentivo di non potere più vivere in un mondo così e avevo deciso di suicidarmi, ma non potendo sopportare la fame, ho deciso di provare in un posto ancora e per questo sono venuto qui. Anche se non mi hai dato niente da mangiare, le tue parole affettuose mi hanno riempito di felicità. Il fatto che in questo mondo ci siano ancora delle anime gentili come te, dà ai poveri come me il coraggio di vivere. Grazie a te non mi ucciderò: oggi provo una gioia e una felicità che non avevo mai conosciuto prima".

Figli miei, se non possiamo aiutare materialmente gli altri, possiamo sicuramente, per lo meno, offrire loro un sorriso o una parola affettuosa. Questo non ci costa molto, non trovate? Basta avere un cuore gentile - questo è il primo passo sul sentiero spirituale. Coloro che fanno questo non hanno bisogno di andare in nessun posto alla ricerca di Dio. Dio accorre verso il cuore che è colmo di compassione: quella è la sua più cara dimora. Figli miei, chi non ha compassione per i suoi simili non merita l'appellativo di vero devoto.

Tutti voi, figli miei, siete tornati qui oggi. L'anno scorso, quando eravate qui, avete fatto un voto che la maggior parte di voi ha mantenuto: molti hanno smesso di bere, altri di fumare, altri ancora hanno rinunciato a spese superflue. Anche quest'anno, se amate Amma e se avete compassione per la sofferenza del mondo, fate un simile voto e rinunciate a una vostra cattiva abitudine. Pensate a quanto denaro sprecate nel bere, nel tabacco, in vestiti costosi o in lussi inutili. Figli miei, dovete cercare di ridurre il più possibile l'acquisto di queste cose, perché il denaro risparmiato in questo modo potrà essere utilizzato per aiutare i poveri. Ci sono tanti ragazzi intelligenti che devono interrompere la loro istruzione perché non possono affrontare il costo della retta della scuola. Potete aiutarli voi pagandola per loro. Potete aiutare i senza tetto. Tante persone sono ammalate e soffrono perché non hanno il denaro sufficiente per comperare le medicine necessarie; potete acquistarle voi per loro. Ci sono tanti modi per aiutare gli altri. Il denaro che state sprecando ora basterebbe per aiutarli. Soccorrere i bisognosi è la vera adorazione di Dio. Ecco la *pada puja*[9] che farà la felicità e la gioia di Amma. Preghiamo l'Onnipotente di concederci un cuore vibrante di compassione.

---

[9] L'adorazione dei piedi di Dio, del Guru o di un santo.

Madre natura protegge chi la difende

Messaggio per il compleanno di Amma del 1993

I devoti, provenienti da ogni parte del mondo, che si erano riuniti ad Amritapuri per celebrare il quarantesimo compleanno di Amma, volevano essere benedetti, in quella giornata di buon augurio, dallo svolgimento di una pada puja in suo onore. Nella cupa atmosfera creata da un terremoto che aveva appena avuto luogo nell'India centro-occidentale, Amma si era mostrata molto riluttante all'esecuzione di una pada puja o di una qualsiasi altra celebrazione. Alla fine, Amma cedette alle sincere preghiere dei suoi figli. Alle otto del mattino arrivò sul palco, all'estremità sud dell'ampio pandal (tradizionale struttura a tenda) che era stato eretto sul terreno dell'ashram. Dopo una bellissima pada puja, eseguita con profonda devozione, Amma volle consolare la folla di devoti che non erano riusciti a trovare un posto per sedersi nel pandal e disse: "Figli miei, cercate di sedervi dove potete. Amma sa che non tutti siete riusciti a sistemarvi in un luogo comodo, ma vi prego di non sentirvi infelici per questo! La mente di Amma è molto vicina anche a chi è lontano, in piedi. C'è una lieve pioggerella, quindi andremo presto dentro la sala". Poi Amma incominciò il messaggio per il suo compleanno.

Figli miei, acconsentire a questa puja oggi è il più grande errore della vita di Amma. Per centinaia di volte Amma ha detto che una puja non era necessaria e che invece proprio lei dovrebbe servirvi, perché è in questo che trova la sua felicità. Amma si siede qui solo per farvi contenti. Durante il tour degli Stati Uniti (due mesi prima) Amma disse che quest'anno non ci sarebbe stato bisogno di nessuna celebrazione per il suo compleanno: c'era tristezza nel suo cuore. Pensate solo alla situazione attuale: corpi in decomposizione e migliaia di sopravvissuti che vivono nell'angoscia! Non c'è modo di proteggere i superstiti o di cremare i morti, non ci sono abbastanza soccorritori. Amma vuole accorrere sul posto e ha già chiesto ad alcuni suoi figli di andarci. Pensate a tutte quelle persone che stanno soffrendo per la perdita dei loro cari e dei loro averi!

Questa situazione non riguarda solo l'India; in un modo o nell'altro sta accadendo ovunque. Amma non pensa ai morti - essi se ne sono andati - ma alle migliaia di persone che si trovano nel dolore e nella sofferenza ed è preoccupata per loro: sono loro quelli da salvare e noi dobbiamo garantire loro la sicurezza. Figli miei, dovete prodigarvi in questa direzione.

Proteggete la natura

Perché la terra ci infligge tutti questi dolori? Rifletteci figli miei. Pensate a quanto Madre Natura si sacrifica e ai grandi sacrifici che i fiumi, gli alberi e gli animali fanno per noi! Guardate un albero: ci dona frutti, ombra, frescura; offre la sua ombra anche a chi lo sta tagliando. Questo è l'atteggiamento dell'albero. Allo stesso modo, possiamo osservare nello stesso modo ogni cosa e notare quale enorme sacrificio la natura compia per l'umanità. Ma cosa facciamo *noi* per la natura? Si dice che si dovrebbe piantare un alberello ogni volta che si abbatte un albero, ma quante persone seguono questo consiglio? E anche se lo fanno, come può una piantina preservare l'armonia della natura? Un giovane arbusto non può dare all'ambiente la stessa forza di quella fornita da un grande albero. Può un bambino piccolo lavorare come un adulto? Mentre un adulto trasporta un intero cesto di terra, il piccolo ne trasporta una cucchiaiata: c'è una grande differenza!

Per pulire una tanica d'acqua, basta forse aggiungere un milli-grammo di disinfettante invece dei dieci prescritti? Questo è come stiamo tutelando l'ambiente oggi. La natura sta perdendo la sua armonia. La fresca e gentile brezza che dovrebbe accarezzarci si è trasformata in un tornado. La terra che è stata il nostro sostegno fino a oggi, ci trascina ora all'inferno.

Tutto ciò non è colpa della natura: stiamo infatti raccogliendo i frutti dei nostri comportamenti non corretti. È come un uomo che vende bare e alla fine finisce dentro a una di esse: ci stiamo scavando la fossa. Ora tutti hanno paura. Ci corichiamo la sera non sicuri di svegliarci al mattino. Figli miei, la nostra priorità deve essere quella di proteggere la natura, solo così avremo la possibilità di sopravvivere. Dobbiamo smettere di distruggere la natura per denaro, per i nostri interessi egoistici e, al tempo stesso, occorre che ci sforziamo tutti di piantare degli alberi, perlomeno su un piccolo pezzo di terra vicino a casa.

Gli antichi saggi ci dissero di adorare gli alberi, insegnandoci in questo modo l'importanza di preservare la natura. Coltivare fiori nel cortile, raccoglierli e offrirli a Dio, accendere una lampada a olio in bronzo - tutto questo purifica l'atmosfera. Oggigiorno l'aria non è più pervasa dalla fragranza dei fiori o dal profumo di uno stoppino che brucia in una lampada a olio, ma piuttosto dalla puzza del fumo carico di veleni che fuoriesce dalle fabbriche. Se molto tempo fa la durata della vita umana era di 120 anni, ora si è ridotta a 60 o a 80 anni; sono comparse sempre più nuove malattie, la cui origine è attribuita a 'virus', ma nessuno conosce la loro vera causa. L'atmosfera è inquinata, le malattie sono in crescita, la salute è compromessa e la durata della vita diminuisce - questo è come stiamo andando avanti. Cerchiamo di creare il paradiso sulla terra e invece la terra si sta trasformando in un inferno. Vogliamo mangiare dei dolci, ma non possiamo a causa di una malattia. Alla sera vogliamo vedere uno spettacolo di danza, ma non riusciamo a stare svegli, sempre perché una infermità ce lo impedisce. In questo modo gli uomini sono incapaci di soddisfare i loro desideri nella loro vita. L'umanità non riesce a sciogliere il nodo che ha fatto. Quasi nessuno pensa a come tutto questo andrà a finire o come si potrà risolvere la situazione. Anche se qualcuno propone una soluzione, non si mette in pratica nulla.

Sia i nostri cuori che la natura vengono purificati quando coltiviamo piante che producono fiori, quando cogliamo questi fiori e li offriamo a Dio. Mentre annaffia la pianta, raccoglie i fiori, prepara una ghirlanda, il devoto ripete il mantra. La recitazione del mantra diminuisce il numero di pensieri e la mente viene purificata. Ma oggigiorno le persone presentano tutto questo come superstizione. Poniamo la nostra fede nelle cose effimere fabbricate dall'uomo, come i computer e la TV, e non abbiamo più fiducia nelle parole dei saggi illuminati. Quando il computer o l'auto hanno un problema, la gente è disposta a lavorare duramente per tutto il tempo necessario a ripararli, oppure ad aspettare che la riparazione sia ultimata. Ma cosa facciamo per riportare l'armonia nella mente?

Luoghi per educare la mente

Figli miei, se la mente è in equilibrio e in armonia, ogni cosa sarà in sintonia e in armonia. Se la mente perde il suo equilibrio, tutto nella vita sarà disarmonico. Gli ashram sono luoghi dove le persone vengono preparate affinché non si verifichi nessuna disarmonia; oggigiorno, però, ci sono alcuni che tendono a denigrare o ridicolizzare gli ashram e la vita spirituale. Recentemente è stato messo in circolazione un film che schernisce gli ashram in generale. Alcuni devoti si sono dispiaciuti nell'udire i commenti di chi lo aveva visto e si sono lamentati di coloro che esprimono giudizi senza preoccuparsi di scoprire la verità. Non è stato riportata la notizia di alcun sequestro di *ganja* (hashish) in nessun ashram del Kerala. Alcuni sono pronti a credere ciecamente a qualche descrizione romanzesca, a qualche favola, scritte per un film di fantasia e disdegnano le parole dei *mahatma* (grandi anime). Questi individui si definiscono con orgoglio intellettuali, non credono in quello che potrebbero vedere coi loro occhi in un ashram, ma nelle storie inventate per un film. Molti hanno incominciato a sparlare degli ashram dopo aver visto quella particolare pellicola, ma questi intellettuali non sono disposti a informarsi sulla vera situazione.

Supponiamo che una persona vada da un'altra e le dica: "Ho visto il tuo corpo senza vita giacere a terra! E so anche com'è successo!", e lo dica a qualcuno che è vivo e vegeto! Questo è quello che sta accadendo in questi giorni. Le persone non credono a quello che vedono veramente: per loro è più importante quello che un film o dei racconti propongono loro. Fa parte del lavoro dello scrittore di romanzi rappresentare come reale quello che origina dalla sua immaginazione. Questa è la natura dello scrivere romanzi. Gli scrittori e i registi guadagnano denaro e fama in questo modo e scriveranno di tutto per ottenerli. Così gli scrittori e i produttori si arricchiscono e vivono nel lusso. Le persone spirituali sono invece diverse: la loro vita è caratterizzata dall'altruismo.

Amma non sta criticando le arti, esse sono necessarie. Ogni forma d'arte ha la sua importanza, ma gli artisti non devono cercare di distruggere la nostra cultura. L'arte è stata creata per elevare l'umanità, deve espandere la nostra mente, non trasformare le persone in animali! Solo perché ci sono alcuni dottori ciarlatani, significa forse che l'intera scienza medica è sbagliata e che tutti i medici sono degli imbroglioni? Le sole opere artistiche che giovano all'individuo e alla società sono quelle che ci insegnano a percepire il lato buono di ogni cosa.

I visitatori di questo ashram sanno che coloro che vivono qui lavorano duramente giorno e notte. Essi faticano, ma non per godere delle comodità o per dare qualcosa ai loro figli o alle loro famiglie, lavorano duramente per il mondo. Anche a mezzanotte, li potete vedere che trasportano sabbia per riempire la terra intrisa d'acqua, in modo che si possa costruire un posto per ospitare i nostri visitatori. È solo grazie al loro faticoso lavoro, spesso compiuto rinunciando al sonno e al cibo, che Dio ci ha permesso di compiere così tanto servizio in così poco tempo. Anche coloro che hanno una famiglia s'impegnano il più possibile per svolgere del servizio disinteressato. E anche ora stiamo continuando a fare lo stesso. Le persone spirituali che sono nei vari ashram hanno dedicato se stesse a servire il mondo e non fanno niente per interesse egoistico. In questo periodo, quando i giovani sentono parlare di ashram, pensano all'ashram di Rajneesh.[10] Ma il suo ashram era per la società occidentale. Egli diede consigli a persone che erano vittime di droghe e di altre sostanze tossiche, scendendo al loro livello.

Se state mangiando delle arance, quando giungerete a mangiare la settima, non trarrete lo stesso piacere di quando avete mangiato la prima. Continuando a provare la stessa cosa, svilupperete un'avversione nei suoi confronti e vi renderete conto così che la gioia autentica non può essere trovata in nessun oggetto. Incomincerete allora a cercare la fonte della vera felicità.

Un cane rosicchia un osso. Quando esce del sangue, il cane pensa che provenga dall'osso. Alla fine il cane ha un collasso per la continua perdita di sangue. Solo allora l'animale si rende conto che il sangue non fuoriusciva dall'osso, ma dalle sue gengive ferite. Succede così quando si cerca la felicità all'esterno.

Questo è ciò che dice anche Rajneesh. Il suo metodo di insegnamento, però, è molto diverso da quello degli antichi saggi. La sua filosofia non è per gli indiani e anche noi non la accettiamo. Va anche detto che lui fece tutto apertamente, senza nascondere nulla. Se si è troppo indulgenti, tuttavia, è difficile sviluppare il distacco. Amma non dice che esso sia impossibile, ma il distacco

---

[10] Shree Rajneesh (1931-1990), chiamato anche Osho, nato in India nel Madhya Pradesh, ebbe un ashram negli USA, in Oregon, durante gli anni Ottanta. I suoi insegnamenti furono considerati discutibili.

ottenuto dal piacere dei sensi è temporaneo. Dobbiamo quindi accuratamente coltivare un atteggiamento di non attaccamento verso gli oggetti del mondo. Ci può piacere il payasam (un dolce fatto con il riso), ma se ne consumiamo molto ci sentiremo appagati e in seguito ne vorremo due volte tanto. Quindi, non è cercando di soddisfare i piaceri dei sensi che ci staccheremo da essi. Solo adottando con coscienza un atteggiamento di distacco potremo allontanarci dalle cose terrene. Questa è la via di Amma. Oggi, tuttavia, ci sono molti che non seguono questo sentiero che fu indicato dai nostri antichi saggi, ma quello suggerito da Rajneesh e, dunque, tutti gli ashram sono giudicati in base a quest'ultimo. Quelli che criticano non hanno occhi per vedere il duro lavoro e la rinuncia delle persone nell'ashram di Amma. Anche in Occidente i figli di Amma lavorano duramente. Essi si cucinano il loro cibo perché costerebbe molto denaro mangiare fuori. Lavorano, risparmiano del denaro e lo spendono qui, per progetti altruistici. Si deve perciò cercare di scoprire la pura verità invece di esprimere opinioni ricavate guardando film o leggendo riviste.

Ci sono tre gruppi di persone nel mondo d'oggi. Il primo è formato dalle persone più povere che non posseggono nulla. Amma conosce molte persone di questo genere che vengono qui. Esse non hanno neppure un vestito decente, così giungono qui indossando vestiti presi in prestito. Moltissimi fanno grandi sforzi perché non possono permettersi di ricoprire con foglie di palma i loro tetti o di comperare le medicine quando sono ammalati, o di pagare per l'istruzione, e non sanno nemmeno come sopravvivere ogni giorno. C'è poi il secondo gruppo, composto da coloro che hanno una modesta quantità di denaro che copre più o meno i loro bisogni. Essi provano compassione per quelli che stanno lottando per la sopravvivenza, ma non possono fare niente per loro. Il terzo gruppo è diverso dai primi due: in esso la disponibilità economica delle persone è cento volte superiore alle loro effettive necessità. Sono intelligenti, fanno affari e guadagnano una fortuna, ma spendono il loro denaro solo per aumentare le proprie comodità e la propria felicità, non si preoccupano di coloro che soffrono. Si può affermare che essi siano veramente i più poveri tra i poveri. L'inferno è per loro, perché essi sono la causa della sofferenza degli indigenti. Tali persone hanno preso la ricchezza dei poveri e la tengono per sé. Figli miei, ricordatevi che il nostro dovere verso Dio è quello di essere compassionevoli con i poveri. La devozione non consiste solo nel girare intorno a una immagine, ripetendo: "Krishna, Mukunda, Murare[11]!". La vera devozione è aiutare quelli che sono in difficoltà. Ci sono molti che allontanano o colpiscono la mano che il mendicante allunga, come se quella mano fosse una mosca. Chi non ha compassione verso i poveri e i bisognosi non riceverà nessun beneficio dalla recitazione del mantra o dalla meditazione; neppure l'offerta di grosse somme nei templi assicurerà loro di poter entrare in paradiso, e non avranno pace in questa vita.

Il dolore è una nostra creazione

Figli miei, alcuni chiedono: "Ma Dio ha delle preferenze? Alcune persone hanno la salute mentre altre sono ammalate, alcuni sono ricchi e altri poveri. Perché è così?". Figli miei, la colpa non è di Dio ma nostra.

Sappiamo che dimensioni avevano i pomodori in passato. Oggigiorno, grazie al contributo degli scienziati, i pomodori hanno raddoppiato il loro volume. Amma non rifiuta i benefici della scienza, ma quando i pomodori diventano così grandi, la loro qualità diminuisce. Le massaie sanno che aggiungendo bicarbonato di sodio alla pastella gli *idlli*[12] diventano più grossi;

---

[11] Diversi nomi del Signore Krishna.
[12] Frittelle di riso cotto a vapore del sud dell'India.

così facendo, però, essi non hanno la qualità o il gusto di quelli normali. Utilizzando fertilizzanti non naturali e altre sostanze chimiche nella coltivazione dei pomodori, introduciamo dei veleni nel nostro corpo; le nostre cellule vengono distrutte. I bambini che nascono da genitori che consumano un simile cibo sono cagionevoli di salute fin dalla nascita. In tal modo noi subiamo le conseguenze delle nostre azioni: è inutile accusare Dio. Se le nostre azioni sono pure, si avrà un buon risultato. Quello che sperimentiamo ora è il frutto delle azioni compiute nelle nostre vite precedenti.

Una volta un uomo diede a due suoi amici una lastra di pietra ciascuno. Uno di essi era molto robusto, mentre l'altro era esile e debole. Dopo alcuni giorni l'uomo chiese loro di rompere le lastre ed essi incominciarono a colpirle con un martello. L'uomo robusto colpì la sua pietra dieci volte, ma essa non si incrinò neppure. L'uomo debole la colpì solo due volte e la ruppe! L'uomo robusto disse: "Tu hai colpito la pietra solo due volte e l'hai rotta! Come sei riuscito a farlo?". L'altro rispose: "Avevo in precedenza battuto la pietra molte volte".

In modo simile, se la vita attuale è una lotta per alcuni e si presenta facile per altri è perché essa è solo il risultato o il frutto delle loro azioni precedenti. Il nostro successo attuale è il risultato delle buone azioni compiute ieri e perché questo successo possa continuare in futuro, dobbiamo compiere delle buone azioni oggi, altrimenti soffriremo domani. Se siamo compassionevoli con chi è in difficoltà oggi, potremo evitare la sofferenza futura, se aiutiamo a risalire chi è caduto in un fosso, potremo evitare di caderci domani.

Figli miei, è difficile capire con la ragione e l'intelletto cosa significhi *prarabdha*[13], lo si può imparare solo con l'esperienza.

---

[13] I frutti delle azioni passate, compiute in questa o nelle vite precedenti, che si manifestano in questa vita.

Nella nostra vita, certi momenti critici si presentano quando emergono molti ostacoli, come malattie incurabili, incidenti, morti premature, liti, perdita di ricchezza, ecc. In tali occasioni è inutile limitarsi a biasimare il proprio prarabdha. Con lo sforzo personale e l'atteggiamento di abbandono possiamo superare quelle difficoltà. Con la meditazione e la ripetizione del mantra, possiamo certamente cambiare il nostro prarabdha, almeno al 90%, ma non al 100%, perché si tratta di una legge di natura che ha effetto anche sui mahatma. C'è una differenza, tuttavia: niente in realtà tocca tali grandi anime, perché esse non provano nessun attaccamento. Per certi versi, la sofferenza che deriva dal proprio prarabdha è una benedizione divina, perché ci aiuta a ricordarci di Dio. In tali situazioni, coloro che in precedenza non avevano pregato Dio neppure una volta, iniziano a implorarlo. Li vediamo indirizzarsi sul sentiero del *dharma* e, rivolgendosi alla spiritualità, provano molto sollievo dalle tribolazioni causate dal prarabdha.

La maggior parte delle persone si spaventa nel sentire parlare di spiritualità. Spiritualità non significa non dovere possedere nessun bene o rinunciare alla vita di famiglia. Si può diventare benestanti e condurre una vita di famiglia, ma la vita dovrà basarsi sulla conoscenza dei principi spirituali. Senza alcuna consapevolezza dei principi spirituali, la vita di famiglia e l'acquisizione di ricchezza sono come collezionare pettini per un calvo! Le nostre ricchezze e le relazioni famigliari non staranno con noi per sempre. Dobbiamo quindi riservare loro il posto che si meritano nella vita.

Non dobbiamo rinunciare a tutto. I principi spirituali ci insegnano come vivere con saggezza e felicità nel mondo terreno. Una persona che va in mare senza sapere nuotare potrebbe venire spazzata via dalle onde – potrebbe essere molto pericoloso - mentre chi sa nuotare si diverte a stare in mezzo alle onde: per queste persone si tratta di un gioco piacevole. In modo simile, comprendendo la spiritualità, possiamo abbracciare il mondo con ancora più gioia. La spiritualità non è semplicemente il modo per andare in paradiso, non è un mucchio di superstizioni. Il paradiso e l'inferno sono proprio in questo mondo. Se guardiamo questo mondo come se fosse il gioco di un bambino, possiamo elevare la nostra mente al piano dell'esperienza spirituale. La spiritualità ci insegna a ottenere il coraggio e la forza per gustare la beatitudine in questa stessa vita. Questo sentiero non ci incoraggia a sederci pigramente senza fare nulla. Se un individuo che di norma lavora otto ore al giorno le porta a dieci e con il guadagno in più aiuta chi soffre, egli vive la vera spiritualità, la vera adorazione di Dio.

La ripetizione dei Mille Nomi

Alcuni figli di Amma sono andati da lei per esprimere il proprio disagio: qualcuno aveva detto loro che chi ripete il *Lalita Sahasranama* (i Mille Nomi della Madre Divina) e compie questo culto, è un ladro. Forse questa persona ha mosso questa critica dopo aver visto le spese eccessive fatte da altri in nome della preghiera e che hanno prodotto fasto e lusso. Oppure la persona può aver pensato che la recitazione dei Mille Nomi venga compiuta per compiacere qualche divinità che è seduta chissà dove, in alto nel cielo. In realtà si ripetono i Mille Nomi per risvegliare l'essenza divina che è in noi, non per propiziare qualche divinità lassù. Dio, che è presente in ogni cosa e in ogni luogo, risiede anche nel nostro cuore. Il Sahasranama è un modo per risvegliarci a quel livello di consapevolezza divina.

Ogni mantra del Lalita Sahasranama ha un significato profondo. Prendiamo il primo mantra: *Sri Matre Namah* – "Offriamo omaggi alla Madre", la Madre è la personificazione della pazienza e del perdono e quando ripetiamo questo mantra si risveglia in noi quel *bhava* (stato d'animo, atteggiamento, o condizione divini). Ci viene richiesto di ripetere il mantra per nutrire in noi la qualità della pazienza. Ciascuno dei Mille Nomi è importante come lo sono i mantra nelle *Upanishad*. Quando ripetiamo i Nomi, veniamo inconsapevolmente elevati a uno stato di maggiore espansione. Il Sahasranama dovrebbe elevarci dalla mentalità (*samskara*) di una comune mosca a quella del Divino. Questo è il vero *satsang*[14].

In una famiglia c'erano due ragazzi. Ovunque andasse, il padre portava con sé uno di loro. Quando il padre giocava a carte con gli amici, il ragazzo gli sedeva vicino e lo vedeva bere alcol. La mamma teneva l'altro figlio con sé: gli raccontava storie ispiranti e lo portava con lei al tempio. Il ragazzo che stette con il padre sviluppò infine un brutto carattere, non c'era un solo aspetto negativo che non avesse, mentre quello che crebbe con la madre non parlava che di Dio e cantava solo canzoni divine. In quest'ultimo ragazzo si svilupparono l'amore, la compassione e la vera umiltà. Come questo esempio dimostra, l'ambiente influenza fortemente il nostro *samskara*[15].

Recitando il Sahasranama e compiendo l'adorazione nel tempio, risvegliamo il divino samskara in noi. Quando meditiamo e ripetiamo un mantra con concentrazione, si ridesta in noi il potere divino e anche l'atmosfera ne trae beneficio. Concentrandosi su un unico punto qualsiasi cosa sarà possibile, ma oggigiorno le persone non credono a simili cose. Qualche tempo fa, quando il veicolo spaziale Skylab stava per cadere sulla terra, gli scienziati raccomandarono a tutti di pregare che esso precipitasse nell'oceano e non su un'area abitata. Essi sapevano che la preghiera concentrata su un unico oggetto ha un grande potere. Quando gli scienziati dissero questo, tutti incominciarono a crederci. I grandi saggi svelarono il potere della mente e dei mantra molto

---

[14] Essere in compagnia del santo, del saggio e del virtuoso. Indica anche un discorso spirituale di un saggio o di uno studioso.

[15] *Samskara* ha due significati: la totalità delle impressioni fissate nella mente da esperienze di questa o di vite precedenti, che influenza la vita dell'essere umano - la sua natura, le azioni, lo stato della mente, ecc., oppure l'accensione, l'attivazione della scintilla della giusta comprensione (conoscenza) in ogni persona, che conduce al miglioramento del suo carattere.

tempo fa, ma per noi è difficile accettarlo. Vediamo gli scienziati correggere le loro precedenti affermazioni, tuttavia appena fanno una nuova dichiarazione siamo pronti ad accoglierla.

Quando ripetiamo un mantra stiamo cercando di risvegliare il Divino in noi. Quando si fanno germogliare dei fagioli, la loro qualità nutrizionale e il contenuto vitaminico aumentano. Recitare un mantra è un processo analogo che risveglia il nostro potere spirituale latente; le vibrazioni prodotte dalla ripetizione del mantra purificano inoltre l'atmosfera. Se solo chiudiamo gli occhi, possiamo vedere dove va la nostra mente. Anche mentre siamo seduti qui, la mente si sofferma su tutte le cose che dovremo fare una volta arrivati a casa: "Che autobus devo prendere? Riuscirò ad andare a lavorare domani? Il denaro che ho prestato a questo e a quello, mi ritornerà?". Un centinaio di pensieri come questi danzano nella mente. Una mente che è assorbita in centinaia di pensieri non riesce a rivolgersi immediatamente a Dio. È necessario uno sforzo costante e la ripetizione del mantra è un modo facile per riuscirci. Quando cerchiamo di afferrare un bambino, lui scapperà via e se lo rincorriamo potrebbe cadere in uno stagno o un pozzo lì vicino. Ma se teniamo in mano un gioco mentre lo chiamiamo, sarà lui a venire da noi: in questo modo possiamo evitare il rischio che il bambino cada mentre corre. In modo simile, la ripetizione di un mantra è il metodo che, sfruttando la natura stessa della mente, la porta a ubbidire ai nostri ordini. Recitandolo, possiamo ridurre le centinaia di pensieri sorti nella mente a una sola decina. Forse vi chiederete se non ci saranno pensieri nella vostra mente mentre ripetete il mantra. Anche se ce ne fossero, essi non sono importanti. I pensieri sono come un bambino: quando il bambino dorme, è facile per la mamma sbrigare le faccende domestiche, ma è difficile per lei lavorare quando il piccolo si sveglia e inizia a piangere. Allo stesso modo, i pensieri che sorgono mentre si ripete il mantra non sono un grosso problema, non ci disturberanno.

Qualcuno può chiedersi se il mantra non sia un pensiero. Ma non è forse vero che le poche lettere contenute nella scritta "divieto d'affissione" ci aiutano a evitare che un muro si riempia di pubblicità? Analogamente, con un singolo pensiero, rappresentato dal mantra, possiamo fermare il vagabondare della mente. La riduzione del numero di pensieri è anche un bene per la nostra salute e allunga la vita.

Il periodo di garanzia di un oggetto incomincia solo nel momento in cui lo acquistiamo, indipendentemente da quanti anni il prodotto sia stato nel magazzino, perché non è stato usato. Allo stesso modo, una mente senza pensieri non si indebolisce, ma si rafforza. Chi ha una tale mente sarà più sano e vivrà più a lungo. Quando invece aumentano i pensieri, la mente diventa più fragile e anche la salute della persona ne risente.

Conosciamo storie di persone, vissute nei tempi antichi, che si sottoponevano a penitenze, stando su una gamba o perfino su un'unghia per tenere la mente salda. Non c'è bisogno per noi di fare altrettanto, è sufficiente ripetere il mantra. Quelle persone realizzarono Dio soltanto dopo avere imparato tutte le Scritture e trascorso innumerevoli anni a compiere austerità. Le *gopi*[16] invece non impararono nessuna Scrittura, erano massaie e donne d'affari. Il loro amore per il Signore, tuttavia, era così forte che Lo realizzarono facilmente. Specialmente in questo *Kali Yuga*[17] (Periodo Oscuro), la ripetizione del mantra è la cosa più importante.

Non basta però recitare un mantra e svolgere la pratica spirituale: possiamo realizzare Dio solo arrendendo la mente

---

[16] Pastorelle e lattaie che vissero a Vrindavan. Erano le devote più vicine a Krishna e sono note per l'estrema devozione al Signore.

[17] Ci sono quattro *yuga* (epoche o eoni). Attualmente il mondo sta attraversando il *Kali Yuga*.

completamente a Lui. Tuttavia, la mente non è un qualcosa che si possa abbandonare facilmente; possiamo abbandonarla solo separandoci da ciò a cui essa è più attaccata. Oggigiorno la ricchezza è il più grande attaccamento della mente. Le persone, dopo essersi sposate, sono spesso più interessate alle loro proprietà che non alla moglie e ai figli. Anche quando l'anziana madre è sul letto di morte, il figlio fa il possibile per assicurarsi che la sua parte dell'eredità contenga più alberi di cocco di quella degli altri fratelli. Se ne riceve un po' meno degli altri non esiterà ad accoltellare a morte i suoi genitori. A cosa siamo quindi più attaccati? Alla ricchezza! Poiché la mente è attaccata alla ricchezza, abbandonare la propria ricchezza è abbandonare la mente. Dio non ha bisogno della nostra ricchezza, ma attraverso il nostro abbandono, la mente si espande e diveniamo pronti alla grazia di Dio.

Il servizio e la vita spirituale

Molti chiedono: "Perché Amma dà così tanta importanza al servizio? Non sono più importanti le *tapas* (austerità) e la pratica spirituale?". Figli miei, Amma non dice mai che le tapas e la pratica spirituale siano inutili. Alcune forme di tapas sono necessarie. Se una persona comune è come un palo dell'elettricità, una persona che compie tapas è come un grosso trasformatore che può essere utile a molti. Per acquisire tale potere occorre fare delle austerità che non si possono intraprendere quando si è sui sessant'anni, con poca salute e vitalità. Le tapas vanno compiute quando si è sani e pieni di energia, non occorre lasciare la casa e andare sull'Himalaya. Bisogna farle proprio qui, nella società. Tuttavia, solo quelli che dedicano il potere acquisito mediante le loro tapas a beneficio del mondo possono essere chiamati dei veri esseri spirituali. La spiritualità ci chiede di essere come un bastoncino di incenso, che dona la sua fragranza agli altri mentre si consuma.

Una persona che rinuncia alla casa e alla ricchezza e si siede in una qualche caverna in un posto qualunque impegnandosi nelle tapas, è come un lago in una fitta foresta, la cui acqua non serve a nessuno. E chi può trarre beneficio dalla fragranza e dalla bellezza dei fiori che vi sbocciano?

È vero che molto tempo fa le persone avevano la consuetudine di recarsi sull'Himalaya a fare tapas, ma vi andavano solo dopo aver condotto in modo altruistico una vita di famiglia, assolvendo le responsabilità che ciò comportava. Come padri o madri di famiglia, maturavano e si purificavano mentalmente e solo in seguito rinunciavano a tutte le ricchezze materiali. L'atmosfera a quei tempi era favorevole all'esecuzione di tapas. Le persone erano consapevoli del dharma, i governanti erano onesti, i capifamiglia vivevano avendo come scopo la realizzazione del Sé.

Oggigiorno la gente è egoista, i capifamiglia sono soltanto persone con la famiglia, non sono *grihasthashrami*[18], non sanno neppure cosa significhi servizio disinteressato. È quindi importante che le persone spirituali, che si sono arricchite facendo tapas e pratica spirituale, vivano come degli esempi di altruismo che il mondo possa seguire. Sono le sole ad essere realmente in grado di servire il mondo in un modo veramente disinteressato.

Il servizio disinteressato è una pratica spirituale che ci conduce alla realizzazione del Sé, esso è la vera adorazione di Dio. Il sentiero verso il Sé si apre quando ci liberiamo dell'egoismo. Le persone possono assorbire questo principio solo quando dei ricercatori altruistici vivono come modelli per il mondo, compiendo del servizio disinteressato. Bisogna scendere al livello delle persone per elevarle. Ci si può muovere solo al passo con la situazione. A questo proposito Amma ricorda una storia.

Un *sannyasi* (monaco) andò in un villaggio e la gente si prese gioco di lui. Egli aveva alcune *siddhi* (poteri miracolosi), ma

---

[18] Un grihasthashrami è colui o colei che ha scelto di condurre una vita spirituale, mentre allo stesso tempo porta avanti le sue responsabilità nella famiglia. Viene considerato il secondo dei quattro stadi della vita.

era intollerante. Si infuriò quando gli abitanti del villaggio lo schernirono: prese della cenere, ripeté dei mantra e la gettò nel pozzo del villaggio con il maleficio che chi avesse bevuto acqua da quel pozzo sarebbe impazzito. In quel villaggio c'erano due pozzi: uno per gli abitanti del luogo e l'altro a uso del re e del suo ministro. Tutti gli abitanti del villaggio impazzirono dopo aver bevuto l'acqua dal loro pozzo. Il re e il ministro che bevvero l'acqua dall'altro pozzo non furono colpiti dalla pazzia. Gli abitanti del villaggio incominciarono a dire parole senza senso e a danzare ovunque, facendo molto chiasso. Furono molto sorpresi quando notarono che il re e il suo ministro non si stavano comportando come loro. "Quei due sono cambiati molto!", dissero. Ai loro occhi i folli erano il re e il ministro! Dichiararono infatti a gran voce che il re e il ministro erano impazziti. Che fareste se coloro che dovrebbero governare la nazione diventassero completamente folli? La gente decise di incatenare il re e il ministro. Ci fu un grande scompiglio. Il re e il ministro riuscirono a salvarsi e si diedero alla fuga. La folla li inseguì. Mentre correvano, il re e li ministro si dicevano tra loro: "La gente è impazzita. Poiché sembriamo diversi da loro, non ci risparmieranno, ci accuseranno di essere pazzi. Se vogliamo sopravvivere e aiutarli a uscire da questa situazione c'è solo una cosa da farsi: comportarci come loro, perché bisogna agire come un ladro per catturarne uno!". Il re e il ministro incominciarono a imitare la folla e danzarono facendo strani rumori. Il popolo se ne rallegrò e ringraziò Dio di aver guarito il re e il ministro dalla pazzia.

Figli miei, le persone spirituali sono come il re e il ministro della storia. Agli occhi della gente comune le persone spirituali appaiono pazze, ma, in verità, sono folli quelli che non hanno nessun interesse per la spiritualità. Le persone spirituali devono scendere al livello di quelle ordinarie per alimentare i giusti atteggiamenti in loro e guidarli sul retto sentiero, devono stare nella società e fare molte cose. Solo in questo modo la gente può essere aiutata a prendere coscienza della propria vera natura, di cui non è consapevole. Ma è pronta a cercarla?

Immaginate, per esempio, che in una nazione ogni cosa si riduca della metà rispetto alla dimensione normale. Gli oggetti lunghi 200 metri diventano di 100 metri, le persone che erano alte un metro e ottanta diventano di 90 centimetri. C'è solo un uomo che non rimpicciolisce e rimane della stessa altezza: agli occhi degli altri egli è ora deforme! Solo lui sa cosa è realmente accaduto, ma chi lo ascolta? Gli altri sono inconsapevoli che l'uomo alto un metro e ottanta è normale e che loro sono quelli diventati diversi.

Figli miei, la spiritualità è il modo per conoscere la nostra vera natura. Le persone spirituali sono consapevoli della loro vera natura e stanno cercando di realizzare il loro vero Sé. Gli altri li disprezzano e li chiamano pazzi, ma costoro sono ingannati dal mondo esterno. Questa è la differenza tra gli esseri spirituali e gli altri.

Il demone del sospetto

Amma vorrebbe anche parlare dei problemi della famiglia odierna. Il sospetto è la causa della maggior parte dei litigi famigliari: molte unioni si sono disfatte solo per dei sospetti. Quante donne hanno versato infinite lacrime! Di recente è venuta qui una donna che era stata abbandonata dal marito per dei sospetti su di lei. La donna stava per suicidarsi con i suoi tre figli, quando qualcuno le parlò della Madre a Vallickavu e le disse che, se fosse andata là, la sua mente avrebbe ottenuto la pace. Corse così da Amma. Amma conosce molte donne in situazioni simili. Il marito non contribuisce alle spese della casa neppure con un centesimo, mentre la moglie lavora giorno e notte per prendersi cura della casa e dei figli. In cambio, la moglie riceve un sacco di bastonate quando di notte il marito torna a casa ubriaco. Intorno a noi ci sono innumerevoli famiglie come questa, che soffrono e piangono. A volte la moglie è cacciata di casa per qualche sospetto da parte del marito, ma dove può andare di notte con i bambini? Oggi la situazione in questo paese è tale che non è sicuro per una donna camminare per le strade dopo il tramonto: o il suo corpo sarà trovato l'indomani sul lato della strada, oppure il suo futuro sarà completamente rovinato. Le condizioni sono peggiorate sino a tal punto. Gli uomini qui presenti, figli di Amma, non devono sentirsi sconvolti, poiché Amma dice queste cose anche per amore delle loro figlie.

I genitori danno in matrimonio la loro figlia a una persona che lavora nel Golfo Persico. Chiunque può scrivere una lettera menzognera e la povera ragazza verrà scacciata: il giorno dopo lei deve tornare a casa dei genitori dove diviene come un'orfana. Agli occhi dei vicini, che non sanno la verità, lei è colpevole. Quale sarà il futuro di questa figlia? Figli miei, chi pensa a queste cose? Solo perché la gente crede ciecamente alle accuse di qualcuno, un'intera famiglia viene distrutta. Una giovane donna finisce così per passare la sua vita in lacrime.

Amma sta pensando di fondare un'organizzazione in aiuto delle donne che hanno perso ogni sostegno in questo modo. Per questo, alcune donne molto intelligenti e molto pazienti devono farsi avanti e aiutare. Allora potremo salvare migliaia di famiglie. Amma può finire per essere criticata per questo. Che sia così. Questo non preoccupa Amma, che lo accetta come il nutrimento della sua vita.

Amma ricorda una storia. Alcune cose furono rubate dalla casa di un uomo. Questi aveva un caro amico e incominciò a pensare: "Deve essere stato il mio amico a rubare le mie cose! In effetti, in questi giorni mi sembra un po' nervoso ogni volta che mi vede. Dall'espressione del suo viso, chiunque può vedere che è un ladro. E basta guardare il modo in cui cammina! Ci sono tutte le caratteristiche tipiche del ladro. Sicuramente è lui che ha rubato le mie cose!". Così, ai suoi occhi, il suo più caro amico divenne un ladro di prima classe. Si dimenticò quanto il suo amico fosse sempre stato amorevole e lo vide solo come un ladro e un nemico. Tuttavia, tutto questo era solo una creazione della sua mente. Ecco com'è il sospetto. Una volta che se ne viene colpiti, si cambia completamente.

Molte coppie che decidono di rompere il loro matrimonio per un mero sospetto scoprirebbero che, se solo si fossero parlati reciprocamente a cuore aperto, i dubbi non erano fondati. Il problema scomparirebbe come quando si sbuccia una cipolla, non rimarrebbe nulla. Per grazia di Dio, Amma è stata uno strumento per riunire moltissime di queste famiglie, e in tal modo, anche il futuro di molti bambini è diventato sicuro.

Donate invece di sperperare la vostra ricchezza

Amma non può fare a meno di pensare al recente terremoto. È inutile parlarne adesso, quello che occorre è portare soccorso a coloro che là ora stanno soffrendo. La Fondazione dell'Ashram vuole donare quattro o cinquecentomila rupie. I devoti devono farsi avanti e offrire il massimo della loro disponibilità per questa causa. Nella vita di una persona che ha famiglia, la carità è essenziale.

Parlando di questo argomento, Amma si ricorda di una storia. Un uomo decise di entrare in politica, ma un suo amico gli disse: "Non andare in politica perché se lo farai dovrai dare via ogni cosa che possiedi". "Bene, lo farò". "Se tu hai due automobili, dovrai donarne una". "Questo non è certamente un problema!". "Se hai due case, dovrai darne via una". "Sicuramente, farò anche quello". "Inoltre, se hai due mucche, dovrai dare una di esse a qualcuno che non ha nessuna mucca". "Oh, no! Quello è impossibile!". "Perché no? Non hai nessun problema a separarti da una tua auto o una

tua casa, perché allora esiti a rinunciare a soltanto una mucca?".
"Perché non ho due macchine o due case, ma ho due mucche!".

Miei cari figli, questa è la natura della generosità delle persone
al giorno d'oggi. Esse sono più che disponibili a donare quello che
non hanno, ma non vogliono dare quello che hanno! Figli miei,
la nostra generosità non deve essere così. Aiutare qualcuno, anche
se incontriamo qualche difficoltà nel farlo, è il modo migliore di
adorare Dio. Il denaro che spendiamo in più in cibo e vestiario,
sarebbe sufficiente per servire moltissime persone. Pensate a quanto denaro stiamo sprecando ora.

Ai giorni nostri molti pensano di essere dei duri solo se fumano sigarette e che il fumo sia segno di virilità. Ci sono anche quelli
che pensano che fumare denoti intelligenza. In realtà, è un segno
di ritardo mentale! I veri intellettuali sono quelli che amano gli
altri come amano se stessi. Sullo stesso pacchetto di sigarette c'è
scritto che fumare è dannoso per la salute e se le persone fumano
anche dopo averlo letto, devono essere chiamate intellettuali o
stupide? Il denaro speso in un mese dai fumatori è sufficiente ad
alleviare la povertà in India.

Figli miei, la popolazione attuale del mondo è cresciuta di
un miliardo rispetto a 15 anni fa. In India ogni anno nascono
milioni di persone. Se questo continua, come sarà la situazione
tra dieci anni? Mentre la popolazione aumenta, i valori nella vita
stanno diminuendo invece di crescere. Se non procediamo passo
dopo passo con attenzione, il futuro sarà nero. Non si dovrebbero
avere quindi più di due figli per famiglia. Quelli che non hanno
figli dovrebbero prendersi la responsabilità di allevare alcuni figli
di famiglie povere che ne hanno molti. Cercate di trasmettere un
samskara positivo ai bambini. Dobbiamo impegnarci a vivere
in modo tale che il dharma sia mantenuto. La vera spiritualità
è dedicare la propria vita alla protezione del dharma. Figli miei,
dovete cercare di modellare la vostra mente per questo scopo.

Amma non vi disturberà con altre parole. Figli miei, chiudete gli occhi e pregate per la pace del mondo. Pregate sinceramente che vi venga dato il cuore altruistico di una madre. Versate lacrime ai piedi di Dio.

Tutti voi, sedetevi diritti e meditate per due minuti. Immaginate di vedere una luce brillante, piccola come la capocchia di uno spillo. Visualizzate poi la luce che si espande in un cerchio e alla fine vi avvolge completamente. Nel vostro cuore, gridate come un bambino piccolo che piange: "Mamma! Mamma[19]!". Pregate con il cuore che si scioglie d'amore, cercate di riempire il vostro cuore di innocenza. Quando un fiore è ancora in boccio, non possiamo godere della sua bellezza e fragranza. Deve schiudersi! Lasciate sbocciare il vostro cuore! Allora potrete abbracciare Dio. Proprio come un bambino prende un ciottolo e immagina che sia il mondo intero, visualizzate la Madre Divina in voi e pregate innocentemente. Dimenticando ogni altra cosa, gridate: "Mamma! Mamma!" e pregatela con la commozione nel cuore: "Madre, fa' che io compia buone azioni, fa' che sia compassionevole, fa' che abbia il cuore grande!".

---

[19] Amma dice che l'Essere Supremo è padre e madre, Dio e Dea, ed è oltre, non può essere definito in base al genere.

Solo questo momento è reale

Messaggio per il compleanno di Amma del 1994

Amma si inchina a tutti i figli dell'Immortalità, che sono realmente l'incarnazione dell'amore e del Sé Supremo.

Figli miei, tutti voi oggi siete venuti qui per celebrare il compleanno di Amma. Ma Amma non riesce a trovare in questo giorno qualcosa di speciale che non si possa trovare negli altri giorni. Il cielo non ha un giorno speciale: rimane costante, testimone dei giorni e delle notti. Prima che questo edificio fosse costruito, il cielo esisteva già; è rimasto anche dopo che l'edificio è stato eretto e sarà qui anche dopo che l'edificio verrà abbattuto. Il cielo non cambia, ogni cosa esiste in lui, nello spazio, e nessuno può contaminare questa immensità. Con il termine cielo, Amma non intende l'estensione che vediamo sopra di noi, ma il Sé onnipresente che pervade ogni cosa.

Se vi domandate perché oggi lei sia venuta per la pada puja (cerimonia dove si lavano i suoi piedi), la risposta è che Amma lo ha fatto solo per voi e non per la sua felicità personale. Il compleanno dovrebbe essere un giorno in cui ci ricordiamo della nascita e della morte, poiché quando siamo nati, anche la morte è nata. Tendiamo a dimenticarci di questo, ma chiunque nasca non ha la possibilità di sfuggire alla morte, perché essa segue ognuno come un'ombra. Molti invece hanno paura anche solo di pensare alla morte.

Amma ricorda una storia. Una volta un bramino andò dal re Yudhisthira[20], chiedendogli del denaro per sostenere le spese per il matrimonio della figlia. Il re, che era molto impegnato, chiese al bramino di tornare il giorno successivo. Il fratello del

---

[20] Il maggiore dei cinque fratelli Pandava descritti nel Mahabharata. Fu un re rinomato per la sua virtù e pietà perfette.

re, Bhima, che era lì accanto, udì questa conversazione e disse a tutti nel palazzo: "Fiato alle trombe! Rullate i tamburi! Suonate musiche gioiose con tutti gli strumenti! Lanciate grida di gioia!". Il palazzo riecheggiò allora di tutti questi suoni diversi. Yudhisthira fu sorpreso. "Che cosa sta succedendo?", domandò, "Normalmente tali festeggiamenti hanno luogo solo quando il re ritorna vincitore da una battaglia in cui ha conquistato il regno nemico. Non è accaduto niente di simile adesso, perché allora tutta questa confusione?". Quelli vicino a lui risposero: "Bhima ci ha chiesto di farlo!". Il re chiamò immediatamente Bhima e gli chiese di spiegargli l'accaduto.

"È per manifestare la gioia che io e il popolo sentiamo", disse Bhima.

"Qual è il motivo di tanta gioia?".

"Vedi, oggi sono venuto a sapere che mio fratello ha sconfitto la morte e tutto questo è per festeggiare tale vittoria".

Yudhisthira rimase sconcertato e guardò Bhima sbigottito. Bhima disse: "Ho sentito che hai detto al bramino di ritornare a prendere il dono domani. Ma non c'è garanzia che saremo qui domani e, tuttavia, tu sei stato capace di dirgli senza esitazione di essere qui domani. Non è vero allora che l'hai detto perché sei in grado di tenere lontana la morte?".

Solo allora Yudhisthira si rese conto del suo errore. Aveva dimenticato la verità che la morte è sempre presente e che ciò che si deve fare in questo momento, va fatto proprio ora. Ogni volta che espiriamo non possiamo essere sicuri che inspireremo ancora: a ogni respiro la morte è con noi.

Solo qualcuno che ha compreso cosa sia la morte può costruire una vera vita. A un certo punto la morte strapperà via questo corpo che noi pensiamo sia il reale 'Io', e con esso anche la nostra ricchezza, i nostri figli, i nostri cari e i nostri amici. Se ci ricordiamo della verità che la morte è sempre con noi, sia che la temiamo oppure no, possiamo dirigere la nostra vita sul giusto sentiero ed elevarci allo stato che è oltre la nascita e la morte. Capire cosa sia la morte ci aiuta a capire la vita. Tutti cercano invano di rendere la loro vita completamente felice. La ragione di questo fallimento è che qualsiasi cosa otteniamo oggi, domani la perderemo e queste perdite ci faranno sprofondare in un dolore senza fine. Ma quando diventiamo consapevoli della natura impermanente delle cose, non ci indeboliremo perdendole, al contrario, saremo ispirati a elevarci a uno stato che trascende la loro perdita. Dobbiamo incominciare proprio adesso a compiere ogni sforzo per raggiungere questo stato, perché non c'è la minima certezza di trovarci tra un istante ancora qui.

È davvero una grande perdita sprecare il momento presente. Se volete meditare, fatelo immediatamente. Se c'è un compito che deve essere eseguito adesso, esso va iniziato proprio ora e non essere rimandato a un momento successivo. Questo è l'atteggiamento mentale che bisogna avere, questo tipo di determinazione deve radicarsi in noi. Sia che noi pensiamo alla morte oppure no, stiamo uccidendo ogni singola cellula del nostro corpo con il solo pensiero di sperimentare la felicità esterna. Il modo di vita che abbiamo adottato ci sta avvelenando, gli stiamo andando incontro a braccia aperte e l'abbiamo accettato senza renderci conto che è un veleno.

Tutte le nazioni, i politici e gli scienziati cercano di aumentare il benessere nella vita. Per farlo, hanno sviluppato al massimo il loro intelletto. Il mondo esteriore ha avuto un enorme sviluppo. Ma c'è felicità perfetta o soddisfazione? No. Il mondo interiore continua a inaridirsi. Possiamo avere case con l'aria condizionata, auto e aeroplani, ma non è forse vero che riusciamo ad avere un sonno sereno solo se abbiamo la pace mentale? E una persona che non è in pace con se stessa si nutre in modo sano?

Vivere conoscendo la verità

La qualità della vita non dipende solo dal corpo, dagli oggetti esterni e dalla felicità esteriore. La vera felicità dipende dalla mente. Se riusciamo a tenere la mente sotto controllo, anche ogni altra cosa lo sarà. La vera conoscenza sta nel sapere come controllare la mente: questa è la conoscenza spirituale e solo quando l'abbiamo acquisita possiamo usare in modo appropriato tutte le altre conoscenze che abbiamo conseguito. Nei tempi antichi, in alcune famiglie c'erano dai 30 ai 50 membri: essi vivevano insieme con un tale amore, accettazione e umiltà! C'era tra di loro un'atmosfera di amore e di pace e questo era possibile perché avevano compreso i principi spirituali, la vita e il suo scopo. Avevano costruito la loro esistenza basandola sulla spiritualità, ma oggi tutto questo non è considerato altro che un mito. Al giorno d'oggi, se una famiglia è composta da tre persone, esse vivono come se ognuna di loro fosse su un'isola separata. Ciascun individuo fa a modo suo, non c'è senso di unità. Se impariamo a capire la spiritualità, possiamo eliminare quella situazione, almeno dalla nostra famiglia.

La spiritualità è quel principio che avvicina maggiormente i nostri cuori. Chi ha imparato a nuotare nell'oceano giocherà con le onde; ogni onda lo divertirà, mentre chi non sa nuotare potrà venire travolto dai flutti. In modo simile, chi conosce la spiritualità potrà affrontare ciascun ostacolo della vita con un sorriso sul volto.

La spiritualità è il principio che ci permette di far fronte a ogni situazione e alle crisi della vita con un sorriso. Quelli che non hanno famigliarità con questo principio saranno sconvolti anche da un piccolo ostacolo. Se un grosso petardo esplode a nostra insaputa ci farà trasalire, ma se sappiamo che sta per succedere, non ne saremo scioccati. Se ne saremo consapevoli, non vacilleremo quando ci troveremo a confrontarci con circostanze avverse.

Alcuni credono che la spiritualità sia fede cieca, mentre invece è l'ideale che allontana le tenebre. Molti portano i più giovani fuori strada invece di spiegare loro i veri principi spirituali. Alcuni sostengono che, dopotutto, la religione non dà da mangiare a chi è affamato. Questo è vero, ma lasciate che Amma domandi loro qualcosa. Perché molte persone che mangiano in modo principesco, che dormono in camere con l'aria condizionata e che posseggono yacht e aeroplani si suicidano ingerendo veleno, gettandosi sotto un treno in corsa o impiccandosi? Questo non ci fa forse capire che c'è qualcosa oltre la felicità che si ottiene dal cibo delizioso o dai lussi? Così, quello che dobbiamo accettare e prendere a esempio nella nostra vita è la verità che dona pace, e ciò non è altro che il sentiero spirituale. Figli miei, acquisire case e ricchezza od ottenere potere e prestigio è come collezionare pettini per un calvo! Questo non significa che dovete sedere oziosamente e non fare nulla. Comprendete questo principio e svolgete poi ogni azione senza attaccamento.

Figli miei, tutti noi siamo forme differenti dello stesso Sé, siamo come delle caramelle uguali avvolte in involucri diversi. La caramella con la carta verde dice a quella incartata di rosso: "Io e te siamo differenti". Quella con la carta rossa dice a quella con l'involucro blu: "Io sono io e tu sei tu: siamo diverse", ma se togliamo tutte le carte, le caramelle sono tutte uguali. Lo stesso senso di differenza esiste tra di noi. Se non ci rendiamo conto che in verità noi non siamo diversi né separati l'uno dall'altro, ci lasciamo ingannare dall'aspetto esteriore - e guardate i problemi che sorgono! Perché non ce ne accorgiamo? Perché abbiamo perso il cuore del bambino che è in noi. Come risultato, non conosciamo l'essenza del nostro vero Sé (Atman) e siamo incapaci di goderci la beatitudine di Brahman.

Quando Amma parla di "cuore di bambino", lei intende un cuore che sappia discriminare. Voi potreste dire: "Ma i bambini non hanno alcuna capacità di discriminazione". In verità, quello che si intende è la fede e l'immaginazione di un bambino. Un bimbo prende un masso e dice che è un trono decorato ed esso poi lo diventerà realmente. Quando sta davanti a quella roccia con un bastone in mano e si mette in posa come un re che tiene una spada, nella sua mente lui è davvero un re. Assumerà un linguaggio e un portamento regale. Il bimbo non pensa di essere seduto su una roccia e di tenere in mano un semplice bastone: per quanto lo riguarda, egli impugna una vera spada! Noi abbiamo perso questo potere di immaginazione, fede e innocenza. Siamo diventati invece l'immagine della gelosia e della cattiva volontà. Un essere spirituale ha bisogno di un cuore innocente e di un intelletto dotato di discriminazione. Solo allora è possibile gustare la beatitudine spirituale. Il dolore e l'insoddisfazione non entreranno nella vita di una tale persona.

Figli miei, se volete sperimentare la pace, non potrete farlo senza un cuore innocente. Dio può risiedere solo in un cuore simile.

Una vita piena di incertezza

Gli uccelli si posano sui ramoscelli degli alberi, dove mangiano e dormono, ma sanno che quando soffia il vento il ramo su cui sono appoggiati potrà spezzarsi. Così sono costantemente allerta, pronti a volare via in ogni momento. Le cose di questo mondo sono come quei ramoscelli: si possono perdere in qualsiasi momento. Per non essere schiacciati dal dolore di quando questo accade, dobbiamo tenerci saldi al Principio Supremo. Se la casa è in fiamme, nessuno di noi dirà: "Spegniamo l'incendio domani!". Lo spegneremo immediatamente. La nostra vita oggi può essere piena di dolore, ma invece di rimuginare, rovinarci la salute e sprecare tempo, dobbiamo cercare di trovare una soluzione.

Figli miei, ciò che è con noi adesso non lo sarà per sempre. La nostra casa, la ricchezza e le proprietà non saranno con noi per sempre. Alla fine, nulla di tutto questo ci accompagnerà; solo l'Essere Supremo è il nostro eterno compagno. Amma non dice che dobbiamo rinunciare a tutto o nutrire avversione verso chiunque, ma che dobbiamo prendere coscienza che niente è permanente: dobbiamo vivere una vita di distacco. Questo è il solo modo per trovare pace nella vita.

Stiamo attraversando il mare su una piccola canoa quando improvvisamente il cielo si oscura. Ci sono i segnali di una tempesta: incomincia a diluviare e onde gigantesche agitano il mare. Che facciamo? Senza perdere un istante cerchiamo di portare la barca a riva. Figli miei, noi siamo in una situazione simile. Non abbiamo nemmeno un secondo da perdere: dobbiamo remare diritti verso l'Essere Supremo che è il nostro unico rifugio. Meditate costantemente sull'Essere Supremo: solo così potremo eliminare il dolore.

Figli miei, voi lavorate duramente per il vostro benessere personale, ma non dimenticate di guardarvi intorno. Pensate alla pioggia torrenziale che abbiamo avuto nei mesi scorsi. Migliaia di persone intorno a noi sono rimaste sveglie durante le notti di pioggia sotto i tetti che grondavano acqua, domandandosi quando le loro capanne sarebbero crollate. Ogni volta che alzate il bicchiere per gustare il vostro "drink", ricordatevi di quelle persone. Con il denaro che si spreca ogni mese, si possono rifare i loro tetti e così quelle persone potrebbero dormire confortevolmente la notte. Ci sono talmente tanti ragazzi poveri che, nonostante siano i migliori studenti della loro classe, devono smettere di andare a scuola per mancanza di denaro e diventano ragazzi di strada. Ogni volta che indossate vestiti lussuosi, immaginate i volti di questi ragazzi innocenti.

Figli miei, Amma non forza nessuno, ricorda soltanto la situazione difficile del mondo, ecco tutto. C'è una cosa di cui lei è sicura: se i suoi figli s'impegnano seriamente, potranno cambiare lo stato attuale delle cose. Figli miei, solo questo sarebbe adorare veramente Dio ed è questo che Amma si aspetta da voi.

Io sono amore, l'incarnazione dell'amore

Messaggio per il compleanno di Amma del 1995

Figli miei, l'umiltà e la pazienza sono la base di ogni cosa.

Questo atteggiamento mentale è necessario e la sua mancanza è causa di conflitti sociali. Il mondo odierno è diventato un campo di battaglia: non ci sono parenti, amici, o persone care, ma solo nemici, impazienti di distruggersi reciprocamente. Prima si coalizzano e combattono l'avversario e subito dopo si dividono e iniziano a litigare l'uno contro l'altro. Lo vediamo succedere spesso. Le persone hanno considerato loro dovere comportarsi in modo egoista e arrogante e non è possibile conoscere quale sarà la loro prossima mossa. Cercate dunque, figli miei, di coltivare la pazienza, l'amore e la fiducia reciproca.

Figli miei, non ci rendiamo conto che in verità noi siamo schiavi del nostro attaccamento alle relazioni. Non che non si debbano avere delle relazioni, ma quando sviluppiamo degli attaccamenti dobbiamo essere pienamente consapevoli del posto che diamo nella nostra vita a quell'oggetto o persona. Si svilupperà vero amore solo quando un rapporto sarà basato sulla comprensione reciproca. Sia che l'attaccamento riguardi una persona o un oggetto, non dovrebbe crescere o diminuire a seconda delle circostanze. La gente dice "io ti amo!", ma quelle non sono le parole giuste. "Io *sono* amore, la vera incarnazione dell'amore", questa è la verità. Quando diciamo "io ti amo", ci sono "io" e "tu", l'amore resta soffocato da qualche parte tra i due. Amore, niente altro che quello deve essere ciò che fluisce da noi verso gli altri. L'amore non deve diminuire o crescere a seconda delle situazioni. Tutti noi dobbiamo imparare a essere l'incarnazione dell'amore:

71

allora non faremo del male a nessuno e saremo solo di beneficio agli altri. Questo è il principio da realizzare.

Come un uccello con le ali tarpate in una gabbia d'oro, siamo prigionieri della nostra stessa mente, siamo legati con le catene del nome e della fama, della posizione e della ricchezza e queste catene sono nascoste da bei fiori. Non si tratta qui di libertà, ma di come rompere le catene che ci avvolgono. Per fare questo, dobbiamo vedere le catene che ci legano e non i fiori e le decorazioni che sono solo sulla superficie. Se guardiamo più da vicino, possiamo scorgere le catene nascoste tra i fiori. Dobbiamo vedere la prigione come una prigione, non come casa nostra. Solo allora la nostra mente si lancerà impaziente verso la libertà, solo allora potremo raggiungere la nostra meta.

Due più due uguale...

Nella vita famigliare odierna, l'uomo dirà che due più due è uguale a quattro, mentre per la donna due più due non fa solo quattro - potrebbe dare come risultato qualsiasi cosa! L'uomo vive nell'intelletto, mentre la donna nel cuore. Le figlie di Amma non devono turbarsi quando sentono questa affermazione. C'è una parte femminile negli uomini e una maschile nelle donne. Parlando in generale, le decisioni degli uomini sono ferme e non si piegano alle circostanze. Dalla condotta precedente di un uomo possiamo presumere come egli agirà in ogni situazione, mentre con una donna è diverso: la sua natura è più debole, si adatta alle circostanze, il suo cuore è compassionevole e proprio questa natura compassionevole è la principale causa dei suoi dispiaceri. Non si può prevedere come reagirà la mente di una donna in una determinata situazione.

Procediamo nel viaggio della nostra vita con il cuore e l'intelletto che indicano due direzioni quasi opposte. Per tale ragione la pace e l'armonia mancano spesso nelle nostre case. La spiritualità è la componente della famiglia che unifica, con giusto ritmo e armonia, il cuore e la mente divergenti: la spiritualità è il legame che li tiene uniti. Solo quando diamo alla spiritualità lo spazio dovuto, la vita diviene autentica. L'intelletto non scende di solito a livello del cuore e il cuore non s'innalza. Questo è il modo in cui ora procede la vita famigliare.

Molte donne si lamentano con Amma e dicono: "Amma, io racconto a mio marito tutta la sofferenza del mio cuore. Lui emette solo un suono di conferma, ma in verità non mi risponde per niente. Così io credo che non mi ami". Allora subito dopo Amma domanda al marito: "Che cosa ho sentito, figlio? Non ami questa figlia?"e lui risponde: "Non è così! Io la amo davvero!". Figli miei, questo è come del miele dentro una roccia: non si può gustare la sua dolcezza. Per assaporarla, dobbiamo avere il miele sul palmo della mano. In modo simile, l'amore non è qualcosa che va tenuto celato all'interno, esso deve essere mostrato nei momenti opportuni. La moglie non trae felicità dall'amore che giace nascosto nel cuore del marito. Figli miei, poiché non conoscete il cuore dell'altro, non è sufficiente tenere il vostro amore nascosto nel cuore. Dovete *esprimerlo* con i fatti e le parole. Amma dice questo per la pace e l'armonia famigliare. Non manifestare l'amore che si sente è come mettere un blocco di ghiaccio nelle mani di una persona tormentata dalla sete: il giaccio non può placare la sete di nessuno. Quindi, figli miei, dovete porvi a livello dell'altro e amarvi aprendo il vostro cuore: ciascuno deve comprendere l'amore dell'altro.

Amma ricorda una storia. In una certa famiglia la moglie amava moltissimo gli animali. Un giorno la coppia andò in un negozio che vendeva animali dove la donna adocchiò una scimmia; desiderò subito acquistarla, ma il marito non fu d'accordo. Più tardi, ritornati a casa, l'amore della donna per la scimmia non sfumò. Un giorno, mentre il marito non c'era, lei tornò al negozio di animali e la comprò. Al ritorno a casa, il marito vide la scimmia legata a un palo: "Cosa hai fatto?", disse.

"Non ho potuto evitarlo. Sono andata a comperarla!", rispose lei.

" Ma come la nutrirai?"

"Le daremo del nostro cibo".

"E dove dormirà?"

"Nel nostro letto".

" Oh, ma puzza terribilmente!"

"E allora? Se sono riuscita a sopportarlo per gli ultimi venti anni, sono sicura che anche questo povero animale riuscirà a farlo!".

Cosa significa questo? Significa che nella vita materiale l'amore è solo epidermico. Oggigiorno, l'amore delle persone è raramente basato sulla comprensione reciproca, i loro cuori non si conoscono l'un l'altro: la moglie non capisce il cuore del marito, né il marito quello della moglie. Nessuno è pronto a giungere a compromessi, ecco come si vive. Come può esserci pace in una vita simile? Attraverso la spiritualità sviluppiamo la prontezza alla comprensione e all'adattamento reciproco. La mancanza di un dare e ricevere vicendevole è il motivo di tutti i fallimenti nella vita.

Il primo vero amore che sperimentiamo è l'amore di nostra madre. Non troverete alcuna impurità nell'amore di una mamma per il suo bambino: esso non è basato su nessun tipo di aspettativa. L'amore materno è essenziale per la crescita di un bambino. Anche se si dice che l'Occidente sia la terra degli intellettuali, molti dei suoi abitanti soffrono di malattie mentali. La ragione di questo è da ricercarsi nella mancanza di amore materno. Anche se c'è la benzina nell'auto, occorre la batteria per mettere in moto il veicolo. In modo simile, l'amore che riceviamo dalla mamma che ci ha messo al mondo forma la base della nostra vita.

Potete chiedere: "Ma non è amore anche quello che ci mostrano gli altri?". Sì, anche quello è amore, ma è sempre accompagnato da un'aspettativa. Se la moglie fa un errore, il marito la lascia, e se il marito compie uno sbaglio, la moglie lo lascia. Questo è un tipo di amore che svanisce quando si commette anche solo un lieve errore. Questa è la natura della mente animale!

Vogliamo bene alla mucca per il suo latte, ma quando cessa di darcelo, la teniamo magari per qualche altro giorno e poi la vendiamo al macellaio. Così è l'amore terreno e Amma non può chiamarlo vero amore. La spiritualità è ciò che eleva una mentalità animale a divina. I mariti e le mogli possono separarsi, ma una madre, almeno nel novanta per cento dei casi, non è disposta a rinunciare al suo bambino. È l'amore della madre che permette al bimbo di accettare amore dal mondo e di dare amore. Ricordate questo, figli miei: se viene meno l'amore di una madre per il suo piccolo, questo potrà divenire la causa della rovina del bambino e anche quella del crollo di una nazione.

Imparate il linguaggio del cuore

Questo è il mondo della ragione e dell'intelletto. Le persone hanno dimenticato il linguaggio del cuore. Oggi si è perso il linguaggio del cuore che ama, si fida e rispetta gli altri.

Una volta una donna mostrò al marito una poesia che aveva scritto. Lei era una poetessa e suo marito uno scienziato. Dietro l'insistenza della moglie, l'uomo lesse la poesia. Era un poema che descriveva un bambino. "Il volto del bambino è come la luna, gli occhi sono come petali di loto…", ogni riga conteneva similitudini come questa. Quando egli finì di leggerlo, la moglie era impaziente di ascoltare il suo giudizio. L'uomo disse: "Cosa hai scritto qui? Sono stati spesi milioni per mandare l'uomo sulla luna e cosa vi hanno trovato? Delle rocce. Non c'è neppure l'aria. Se porti la luna sulla testa, le spalle si rompono!". Continuò a criticare lo scritto con frecciate come questa. Alla fine lei disse: "Tu non puoi capire questa poesia. Ridammela!". Il marito leggeva la poesia con l'intelletto, non con il cuore! Egli vedeva solo le rocce sulla luna. Insistendo sul fatto che crederanno solo a quello che sperimentano con i propri sensi, le persone hanno perso la loro innocenza.

Oggigiorno, l'intelletto umano si è sviluppato così tanto che non possiamo vivere senza delle macchine che facciano ogni cosa per noi. C'è persino un apparecchio che spazzola i nostri denti! Per questo motivo non si fa abbastanza esercizio e per mantenere la salute dobbiamo trovare del tempo per l'attività fisica. Quando vi renderete conto di questa situazione, vedrete che tutti i comfort ottenuti in un campo, in verità ci rendono più deboli in altri. Oggi le persone si sentono costantemente ansiose. Sono disponibili tutte le comodità e gli agi, ma non c'è nemmeno un momento libero da tensione. I genitori cominciano a preoccuparsi non appena sanno che il bambino che è ancora nel grembo materno è una femmina. Le loro preoccupazioni non finiscono finché non l'hanno cresciuta, istruita e data in sposa. In questi tempi sono ugualmente preoccupati per i loro figli maschi. Anche prima che il figlio frequenti l'università vuole una moto, e non c'è pace in casa finché non ne ottiene una. Non esiterà a distruggere qualsiasi cosa trovi in casa e minaccerà di suicidarsi se non gli si compra ciò che desidera. Al giorno d'oggi i genitori affrontano molti problemi simili. I genitori che speravano che i figli si sarebbero presi cura di loro una volta cresciuti, ora hanno paura di essere uccisi da loro! Ecco il livello di progresso raggiunto dal genere umano. Il motivo di questo è che, attualmente, ognuno è focalizzato solo su di sé, l'egoismo è cresciuto a tal punto. Mentre l'intelletto si espande, il cuore si inaridisce. Il tempo in cui sentivamo che i dolori altrui erano i nostri è passato da molto; oggi, infatti, per la propria felicità non si esita a mettere gli altri in situazioni difficili.

Per cambiare questo stato di cose, il cuore deve espandersi come l'intelletto.

L'amore dovrebbe dirigersi anche verso il basso

Molto spesso cerchiamo di diventare amici di persone con uno status sociale più elevato o più ricche di noi, ma questo è sempre fonte di sofferenza. Ci sono migliaia di esseri umani che soffrono e lottano più di noi per vivere. Perché non pensare a loro? Se confrontiamo la nostra vita con la loro, capiremo che la nostra è un paradiso. Quando pensiamo a quelli che stanno meglio di noi, ci rammarichiamo di essere così poveri poiché non abbiamo il genere di ricchezza che hanno loro. Quando ci ammaliamo, ci lamentiamo: "Ahimè, sto così male!", ma di solito ci sono intorno a noi molte persone che soffrono di malattie molto peggiori della nostra. Se pensassimo a loro, i nostri problemi non sembrerebbero così seri. Dobbiamo cercare di liberarci dal dolore consolando la nostra mente in questo modo, perché, se pensassimo nell'altro modo, la nostra vita sarebbe piena di tristezza.

Siamo raramente disponibili ad andare incontro alla gente comune: non troviamo il tempo per condividere i loro dispiaceri, non siamo pronti a offrire loro tutta la nostra assistenza. Ma, di fatto, anche questo è un modo per adorare Dio. Se solo volessimo farlo, ci assicureremmo la chiave che apre la porta del mondo della gioia.

Amate sinceramente i poveri. Mostrate loro comprensione. Consideriamo nostro dharma amarli e servirli. Vediamolo come un dovere affidatoci da Dio. Quando svilupperemo un simile atteggiamento, scopriremo che non abbiamo tempo per addolorarci della nostra difficile situazione. Si dice che un terzo della popolazione dell'India viva in povertà. Se tutti noi stessimo attenti a eliminare le spese superflue e ci aiutassimo l'un l'altro, nessuno qui soffrirebbe la fame. Dio ha dato a sufficienza per tutti, ma alcuni hanno accaparrato quello che era destinato ad altri. Essi non sanno che sono i loro stessi fratelli e sorelle a morire di fame a causa di questo atteggiamento. Può darsi che tali persone vivano nello sfarzo e nello splendore, ma se non vogliono essere compassionevoli con i poveri e aiutare i bisognosi, allora essi soffrono in realtà di povertà interiore. Nel mondo di Dio essi sono davvero i più poveri tra i poveri e non potranno sfuggire alla sofferenza mentale causata dalla loro mancanza di compassione.

È inutile accendere una lampada sacra a olio o fare un'offerta a Dio senza portare un po' di luce nella vita di chi è povero. Dobbiamo scendere al livello dei poveri, amarli e servirli. Se non lo facciamo, per quanto si mediti, non riusciremo a gustare la dolcezza della meditazione: ciò che conferisce dolcezza alla nostra meditazione è l'aiuto che offriamo agli altri.

Amma vede che alcuni sono tormentati perché non riescono a trovare lavoro e sono diventati così schiavi della droga. Prendere la droga non procurerà loro un'occupazione, ma renderà ancora più gravoso il peso famigliare. Anche se avete solo 400 metri quadrati di terreno, cercate di coltivarlo. Non disdegnate di lavorare la terra anche se avete avuto un'istruzione di tipo superiore. Se nient'altro è possibile, fate crescere almeno alcune piante di banana nel vostro terreno: cerchiamo di fare in modo che noi e le nostre famiglie possiamo vivere grazie al nostro duro lavoro.

Figli miei, ora chiudete gli occhi e visualizzate la forma della Madre Divina, o immaginate che la Madre Divina sia in piedi di fronte a voi. Non c'è bisogno di pensare all'interno o all'esterno, o all'Essere Supremo, con o senza attributi, ecc. Cercate solo di concentrare la vostra mente su una unica cosa. Non preoccupatevi se non riuscite a visualizzare la forma. Chiudete gli occhi e ripetete piano: "Madre! Madre!". Alcuni potrebbero domandarsi: "Ma Dio non è in noi?". Sì, Dio è davvero in noi, ma noi non siamo focalizzati sul nostro sé interiore; la nostra mente corre dietro a molti altri oggetti. Ripetere un mantra è un modo per riportare all'interno la mente che vaga. Dire "Madre!" equivale a dire: "O Eterno Amore! O Eterna Compassione, guidami!".

Om shanti, shanti, shanti!

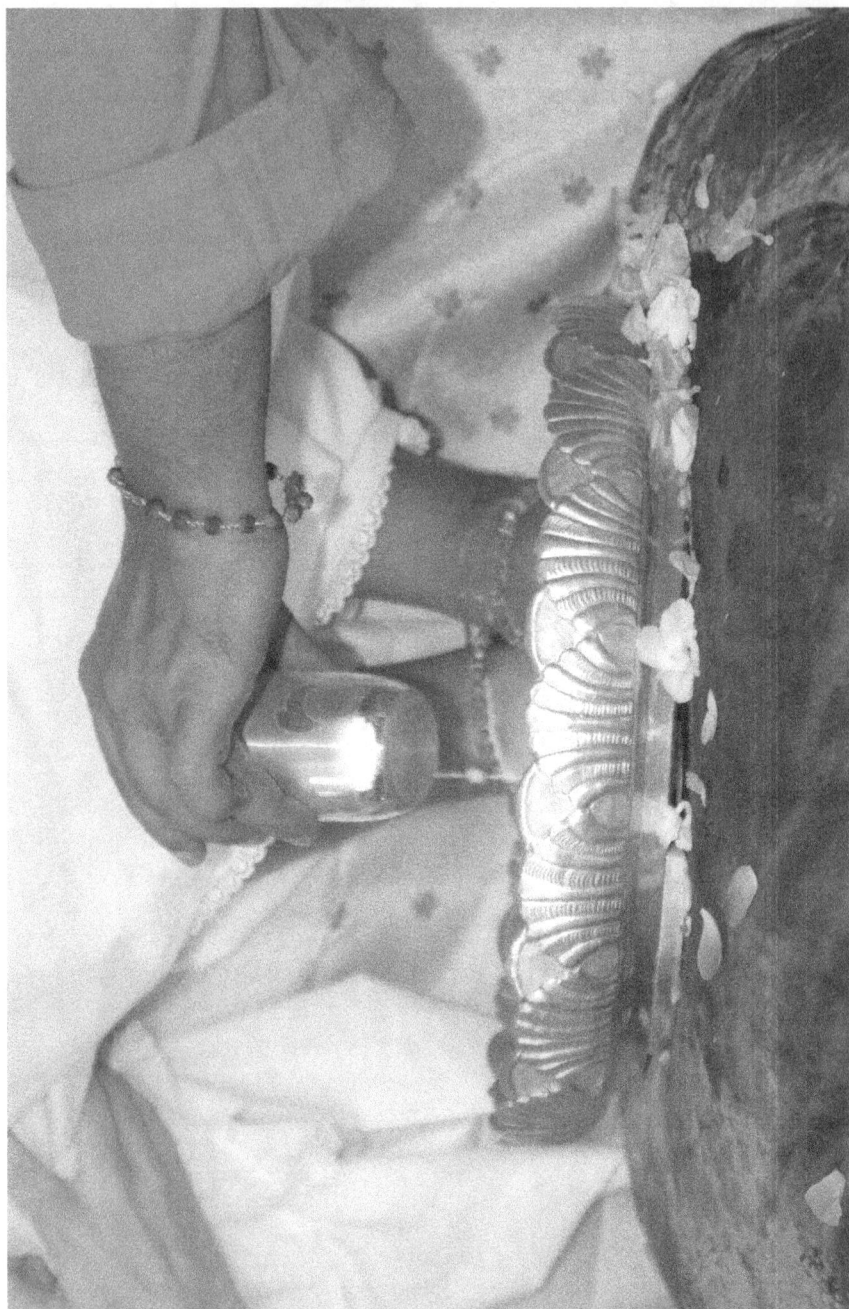

*Swami Amritaswarupananda mentre esegue la pada
puja il giorno del compleanno di Amma*

Riportare in vita l'antica cultura dei Rishi

Messaggio per il compleanno di Amma del 1996

Amma si inchina a tutti voi, che siete realmente l'incarnazione dell'amore e del Sé Supremo!

Gli esseri spirituali non hanno compleanni, anniversari, e così via. Si ritiene che debbano rinunciare a tutto ciò. Amma ha acconsentito a partecipare a tutto questo per la felicità dei suoi figli; tuttavia, ciò che la renderebbe veramente felice sarebbe che in questo giorno faceste il voto di assimilare i valori della nostra cultura, ristabilendo in tal modo il nostro *samskara*, e di vivere conformemente. Bisognerebbe essere determinati in questo proposito.

Molti pongono questa domanda: "Dove ci stiamo dirigendo?". Questa è una domanda molto importante. Dove sta andando l'India, la terra dei *Rishi*[21] (saggi realizzati dell'antichità)? È un interrogativo che ciascuno dovrebbe porsi. Ed è quasi troppo tardi, non possiamo rimandare oltre, farlo sarebbe pericoloso. Amma non dice questo per spaventare i suoi figli, sta soltanto dicendo apertamente la verità: c'è ancora posto per la speranza. Se individuiamo il pericolo che ci sta davanti e procediamo con attenzione, possiamo ancora evitarlo.

Questa è l'epoca della falsità e dell'ingiustizia. La società che cresce intorno a noi ha perso il suo potere di discriminazione. Oggi, per varie ragioni, i nomi di molte persone che dovrebbero essere alla guida della società si sono macchiati. La caduta del dharma è evidente dappertutto. Spesso Amma pensa che dobbiamo provocare davvero una rivoluzione. La dissoluzione (*pralaya*)

---

[21] Vedi glossario.

deve aver luogo qui. Non occorre aspettare l'anno 2000 perché accada. La rivoluzione deve avvenire qui e ora: non possiamo rimandare di un altro minuto. Quello a cui Amma si riferisce è una rivoluzione della mente. Abbiamo la mente, ma ci manca la consapevolezza; è necessario quindi purificare la nostra mente. La spiritualità è un dono straordinario che gli antichi saggi ci hanno fatto: senza la conoscenza spirituale, la vita sarebbe nelle tenebre. Se non assorbiamo in modo appropriato la nostra cultura spirituale, la nostra vita sarà senza senso.

Se invece comprendiamo la spiritualità e viviamo in accordo con i suoi principi, la vita sarà piena di significato, bellezza e gioia. È essenziale, quindi, sotto tutti i punti di vista, che ravviviamo la spiritualità nella nostra vita. Nostra Madre *Dharma* ha il cuore malato e occorre intervenire urgentemente affinché guarisca. Figli miei, oggi stesso dovete fare voto di realizzare questo.

Bharat, la terra del dharma

Oggigiorno le persone sono riluttanti persino a pronunciare la parola dharma. L'India (Bharat) è la terra del dharma. Il dharma è il principio di espansione, l'essenza dell'amore. Si dice che il dharma dell'India sia come l'impronta di un elefante, così grande da contenere quella di tutti gli altri animali. In modo simile, il dharma dell'India, la cultura dell'India, è ampia abbastanza da abbracciare ogni cosa. Oggi, però, esso sta vivendo un completo declino e questo non deve continuare a lungo.

Scienza e cultura

La nostra cultura non è qualcosa che proviene dalla scienza, nasce dal samskara e questo samskara, a sua volta, scaturisce dalla spiritualità. Amma non sta denigrando la scienza - essa ci procura comfort fisici e agi - ma affinché il samskara si formi nella vita, la spiritualità è essenziale.

Da dove ebbe origine questo nostro samskara? Lo abbiamo ottenuto dai Rishi, gli antichi saggi. Il nostro samskara porta in sé i principi della vita che appartennero al lignaggio dei Rishi; esso è ancora in noi, non è completamente estinto, ma oggi è diventato essenziale riviverlo e ristabilirlo.

Sappiamo cosa fecero i saggi. La neve sui monti dell'Himalaya si scioglie al caldo del sole e scorre a valle sotto forma di diversi ruscelli per il bene del mondo. Nello stesso modo, l'amore, la compassione e la grazia dei saggi, che sono i conoscitori di *Brahman*, la Realtà Assoluta, fluiscono verso tutti gli esseri viventi. Il loro amore rimuove il nostro ego, rende la nostra mente espansa come l'universo e ci ispira a dedicare la vita al bene del mondo: questo è il dharma seguito dal lignaggio dei Rishi. La vita senza controllo che le persone conducono oggi erige un muro che blocca il flusso di quell'amore e altruismo.

Il Guru e il discepolo

I maestri spirituali e i discepoli degli antichi *gurukula* erano soliti ripetere assieme un certo mantra[22]. Il maestro spirituale, pur essendo più elevato dei discepoli che sedevano per terra intorno a lui o a lei, ripeteva questo mantra insieme a loro.

Om sahanavavatu
Sahanau bhunaktu
Sahaviryam karavavahai
Tejasvinavadhitamastu
Ma vidvishavahai
Om shanti shanti shanti.

Che Dio protegga tutti noi;
Che possa farci godere la beatitudine del Sé;

---

[22] Questo mantra è il mantra di introduzione (*Shanti mantra* o invocazione della pace) in tutte le Upanishad che appartengono al Krishna Yajurveda. Il Krishna Yajurveda è una parte dello Yajurveda, che è uno dei quattro Veda.

Che possiamo noi diventare valorosi e splendidi;
Che possiamo noi impegnarci insieme e rendere i nostri studi produttivi;
Che possiamo noi non avere mai contrasti reciproci.
Om, pace, pace, pace.

Il lignaggio dei Rishi mostrò questo genere di umiltà: per questi saggi, la loro saggezza non doveva servire unicamente a loro stessi. Dov'è ora quella saggezza che ha promosso l'umiltà e il samskara? Cosa vediamo oggi nelle scuole? Gli studenti si ritengono più bravi dei loro insegnanti e gli insegnanti reagiscono pensando: "Quanto sono arroganti! Cosa posso insegnare loro?". Tuttavia, né gli insegnanti né gli studenti sono pronti a esaminare e capire questo problema. Come risultato, i professori sono diventati semplici macchine e gli studenti dei muri di pietra. Non c'è amore tra di loro e non viene trasmessa alcuna conoscenza. Un tempo, l'atmosfera nelle scuole era molto differente e sia gli insegnanti che i ragazzi erano pieni di entusiasmo. I giovani erano desiderosi di sentire l'insegnante e l'insegnante di impartire la propria conoscenza agli studenti: non si annoiavamo mai, per quanto tempo passassero insieme.

Nei tempi antichi, nelle scuole l'abitudine di prendere appunti e studiare su di essi era sconosciuta. Senza l'aiuto di una penna o di un libro, gli studenti apprendevano di più di quanto oggi le persone potrebbero imparare in tutta la loro vita. Imparavano a memoria i Veda, i Vedanga,[23] gli Ithihasa[24] e i poemi epici. In quei tempi l'educazione era ciò che i discepoli assorbivano dai maestri tramite l'amore e vivendo a stretto contatto con loro. I discepoli non sapevano cosa fosse la fatica, essi crescevano in ogni momento.

---

[23] I Vedanga sono rami di conoscenza, ausiliari ai Veda.
[24] Storia epica.

Dove c'è amore niente può essere un peso. Come il bocciolo di un fiore che si schiude, il cuore del discepolo è aperto dall'amore del maestro e la sua grazia fluisce spontaneamente nel cuore del discepolo. Gli allievi di allora non solo ascoltavano ogni parola dell'insegnante, ma ne facevano l'esperienza. In quei giorni questo era il modo di educare. Cosa è accaduto oggi ai nostri sistemi educativi?

Amare i nostri figli

Nei tempi antichi, i bambini venivano mandati a scuola all'età di cinque anni. Oggi i bambini sono spesso iniziati all'alfabeto quando hanno appena due anni e mezzo: vengono portati qui da Amma perché li inizi in tal senso.

Fino all'età di cinque anni, essi dovrebbero essere semplicemente amati e lasciati liberi, senza limitare la loro libertà, e dovrebbero poter giocare privi di impedimenti. Dovremmo assicurarci che non si facciano del male da soli, per esempio che non si scottino o non cadano in acqua, questo è tutto. Non importa quali birichinate compiano, i bambini piccoli dovrebbero solo essere amati. Si dovrebbero crescere in un grembo d'amore, proprio come quando erano nel grembo della loro mamma. Ma la situazione attuale è ben diversa: molti di loro vengono mandati a scuola quando sono troppo piccoli e non provano altro che tensione. È come introdurre dei vermi nei boccioli che stanno per aprirsi in fiori belli e profumati! Anche se i boccioli così infestati si apriranno, saranno rovinati. Quando i bambini crescono, la loro mente non sarà libera di espandersi per gli inutili carichi che è costretta a portare. Se questo deve cambiare, è necessario che i genitori acquisiscano innanzitutto qualche conoscenza spirituale per poi trasmetterla ai figli. Tutti dovrebbero conoscere il ruolo che la spiritualità ha nella vita. L'educazione materiale ci aiuterà ad ottenere un lavoro cosicché possiamo riempirci lo stomaco, ma la vita non è appagata solo da quello.

La spiritualità: pienezza della vita

La vita diviene perfetta solo quando assimiliamo la spiritualità. La mancanza di spiritualità è la causa dei problemi odierni. Senza di essa non si può eliminare l'insoddisfazione che c'è nel mondo.

Recentemente una famosa attrice cinematografica si è suicidata: sembra che non aveva nessuno che la amasse. Quando non si riceve neppure un po' d'amore da chi lo vorremmo, la vita non ha più senso. Questa è la situazione del mondo d'oggi, ma ciò non accadrà se assorbiremo i principi spirituali. Comprenderli ci insegnerà che cosa sono davvero la vita e l'amore. Oggigiorno nessuno cerca di far rivivere o di seguire quel dharma che porta all'immortalità. Al contrario, le persone versano lacrime, lamentandosi che la vita porta solo sofferenza, si suicidano e ignorano il dharma perché troppo antiquato. Invece di lagnarci, proviamo a vivere secondo il dharma, e allora ci renderemo conto di cosa sia veramente la vita, e cosa significhino la bellezza e la felicità.

"Condizionare" la mente

Figli miei, mentre la scienza crea l'aria condizionata per il mondo esterno, la spiritualità climatizza il mondo interiore, perché è la conoscenza che "condiziona" la mente. La spiritualità non ha nulla in comune con la fede cieca, è il principio che dissolve l'oscurità.

Se tenete del cioccolato in una mano e una moneta d'oro nell'altra e le mostrate a un bambino, quale mano sceglierà il bambino? Quella con il cioccolato, perché il bambino non capisce che si può comperare molta cioccolata con una moneta d'oro. Oggi ci si comporta in questo modo: attratti dal mondo materiale, perdiamo il senso della realtà.

Dio è la dolcezza di cui non possiamo mai essere sazi, Dio è la fonte della liberazione e del benessere materiale. Oggi le persone abbandonano Dio e rincorrono i beni materiali che durano solo per poco tempo. Il risultato non può essere che insoddisfazione.

Ogni momento in cui ci si rifugia in Dio è beatitudine e benessere, è ineguagliabile. Il tempo trascorso in meditazione non è mai sprecato e non è mai morto di fame chi medita su Dio. Non si dovrebbe mai pensare, quindi, che una simile meditazione sia una perdita. Dobbiamo ripristinare questo sentiero e incoraggiare gli altri a seguirlo. Esso non può mai essere una perdita, ne ricaverete solo un profitto.

Dio è esperienza

Possiamo raggiungere Dio che è in noi solo con la meditazione. Non si può dire quanto bello e profumato sia un fiore che è ancora chiuso, esso deve prima sbocciare. Figli, aprite i boccioli del vostro cuore! Riuscirete certamente a gustare quella beatitudine. Non possiamo vedere la corrente elettrica, ma possiamo percepirla quando tocchiamo un filo che conduce elettricità. Dio è *esperienza,* e la meditazione è il modo per fare quell'esperienza. Sforzatevi di fare questo, figli miei, e certamente avrete successo.

Perché?

Molti figli vengono da Amma e dicono: "Amma, non riesco a ridere veramente. Non riesco a parlare a qualcuno con cuore aperto, Amma, sono sempre triste".

Figli miei, chiedetevi la ragione di quella tristezza. Domandatevi: "Che cosa mi manca che causa questa tristezza? Quale fardello sto portando?". Se lo fate, troverete una risposta.

Guardate la natura. Guardate quell'albero là in fondo, come oscilla beato al vento, e guardate quegli uccelli: cantano, dimenticandosi qualsiasi altra cosa. E quel ruscello laggiù, come scorre allegro, cantando melodiosamente. E quelle piante, e le stelle, il sole e la luna. Ovunque c'è solo gioia. Circondati da tutta questa gioia, perché siamo gli unici a provare dolore? Perché solo noi siamo infelici? Rifletteteci e capirete. Nessuno di quegli elementi della natura ha un ego. Solo noi lo abbiamo. "Io sono questo e quello, io voglio diventare quello, voglio quello", questo è ciò che pensiamo tutto il tempo. Ma questo 'io' per cui ci preoccupiamo tanto non ci accompagnerà quando moriremo. Il senso dell'"io"non porta alcun beneficio, perché, se ci teniamo saldi a quell'"io", non ci sarà altro che sofferenza. Così, figli miei, rinunciate a quell'"io" e progredite! Allora sarete felici e gioirete. Siate felici, figli miei. Solo questo momento è nostro: non possiamo essere certi nemmeno di fare il prossimo respiro e così cercate di essere allegri, senza angosciarvi neppure per un momento. Ma questo non è possibile senza rinunciare al senso dell'"io".

Questa conoscenza è un generoso dono che gli antichi Rishi ci hanno dato attraverso la loro grazia. Figli miei, iniziate a vivere in accordo con questo principio, senza sprecare neanche un istante, altrimenti questa vita sarà senza senso. Non pensate di poterlo fare domani, perché il domani è veramente solo un sogno. Anche ora viviamo in un sogno - ecco la verità. Ma mentre un normale sogno finisce in una notte, questo è un sogno che continua. Solo svegliandoci da questo sogno possiamo conoscere qual è la realtà, ed è a Dio che ci risvegliamo. Dobbiamo esserne certi, solo allora potremo svegliarci da questo sogno. Ogni momento che passa è di estremo valore e non dovrebbe essere sprecato. È una follia rimandare il nostro risveglio a domani e sprofondare nuovamente nel sogno. Il domani è una domanda senza risposta. È come sommare quattro più quattro e dire che il risultato è nove; non sarà mai nove. Niente ha più valore del momento presente. Che non vada mai sprecato! Figli miei, tenete stretto il momento presente e imparate a ridere a cuore aperto, cercate di fare in modo che il sorriso sulle vostre labbra non svanisca mai. Cercate di non fare del male a nessuno con il pensiero, la parola o l'azione.

Rendete questo un momento di beatitudine

Attualmente la nostra mente dimora nel passato e in quello che deve ancora avvenire. Questo ci fa perdere il momento presente, che deve essere goduto.

Un uomo comperò un gelato e lo appoggiò davanti a sé, pronto a mangiarlo. Ne mise una cucchiaiata in bocca e incominciò a pensare: "Ho un lieve male di testa. È iniziato questa mattina. Il ristorante dove ho mangiato ieri sera non era pulito; tutto il cibo veniva tenuto all'aperto. Forse una lucertola o qualcos'altro è caduto nel cibo? Quella gioielleria vicino al ristorante – ci sono esposte così tante belle cose! E i vestiti in vetrina nel negozio dall'altra parte della strada sono così alla moda! Potrò mai permettermi cose simili? Con il mio attuale stipendio posso appena sopravvivere. Che vita mi è toccata! Oh, se solo fossi nato in una famiglia ricca! Se solo avessi studiato di più a scuola! Ma non è stato così!". Continuò a pensare in questo modo mentre mangiava il gelato. Non era consapevole neanche del suo sapore, perché la sua mente era altrove. In quei momenti era come morto. Rimuginando sul passato e su quello che ancora doveva avvenire, sprecò i meravigliosi momenti che gli erano stati dati da godere. Per questo Amma dice che il passato è come un assegno annullato. È inutile pensare al passato. Rimuginare su di esso è come abbracciare un cadavere! Le persone che sono morte non torneranno più da noi. Il tempo trascorso non ritornerà. In modo simile, è inutile pensare a cosa può accadere in futuro perché anche quello è solo un sogno che può accadere oppure no: solo questo momento ha valore.

È come il denaro che abbiamo a disposizione: lo possiamo usare come vogliamo, ma se lo spendiamo in modo incauto, non ne trarremo nessun beneficio, lo perderemo. Dovremmo quindi utilizzare attentamente il denaro. Dovremmo usare il discernimento ad ogni passo: solo allora potremo avanzare coraggiosamente sul sentiero dell'azione. Dovremmo avere il fermo proposito di assimilare questo principio.

La necessità dell'azione disinteressata

Parlando in generale, accadono due cose nella vita: si compiono delle azioni e si godono i loro frutti. Se si compiono azioni positive, i risultati saranno buoni, mentre da azioni negative possono derivare solo cattivi risultati. Ciascuna azione deve quindi essere svolta con grande cura.

Alcuni cercano di scoraggiare chi compie delle azioni. Essi hanno letto dei libri sul Vedanta e dicono: "Non c'è solo un unico Sé (Atman)? Quale altro Sé, allora, questo Sé potrebbe servire?". Vediamo tuttavia che anche quelli che fanno questa domanda sono molto attaccati ai loro bisogni fisici: aspettano con impazienza l'una per poter pranzare, si sentono a disagio e si arrabbiano se il loro cibo non arriva puntualmente. Dove va la loro conoscenza del Sé quando si arrabbiano? Non chiedono: "Che bisogno ha il Sé di mangiare?", non sono disposti a transigere quando si tratta delle necessità corporee come mangiare, dormire, indossare bei vestiti e così via. Sono riluttanti solo quando c'è da fare del bene agli altri. Questo non è il vero punto di vista vedantico, sono semplicemente le argomentazioni della gente pigra che se ne sta seduta senza fare nulla. Non ci è per niente utile. La vera conoscenza non sta nell'azione in quanto tale, ma piuttosto nell'assenza di azione, pensando che non si sta proprio facendo nulla nonostante si stia agendo.

La verità è che neppure per un momento possiamo rimanere inattivi: se non lo siamo fisicamente, lo siamo mentalmente. Anche quando dormiamo compiamo delle azioni nei sogni e il nostro respiro e le altre funzioni corporee continuano automaticamente. Non c'è alcun modo di evitare l'azione. Pertanto, perché non fare allora qualcosa che sia in qualche modo di beneficio al mondo? E sarebbe sbagliato se dovesse essere un lavoro fisico? Le azioni altruistiche indeboliscono le nostre tendenze indesiderate. Solo se i nostri pensieri, atti e parole sono buoni possiamo superare le tendenze accumulate finora.

Anticamente, i maestri spirituali assegnavano ai discepoli che si recavano da loro per studiare il Vedanta compiti come il raccogliere la legna, innaffiare le piante e lavare i vestiti. Il servizio disinteressato è essenziale per trascendere l'egoismo e l'attaccamento al corpo fisico. Nessuno, quindi, dovrebbe essere pigro o scoraggiare quelli che lavorano.

Le persone nel cui cuore sboccia la compassione alla vista della sofferenza altrui non possono rimanere semplicemente sedute senza fare nulla. La grazia di Dio fluirà solo nel cuore di chi prova una tale compassione. Qualora la grazia divina raggiunga un posto privo di compassione, non sarà di nessun beneficio. È come versare del latte in un recipiente non pulito. La purezza interore può essere ottenuta solo compiendo azioni che fanno del bene agli altri.

C'era una volta un re che aveva due figli. Era giunto il suo momento di andare nella foresta a condurre una vita da eremita[25]. Quale dei suoi figli doveva essere il successore? Sapeva che chi doveva diventare re avrebbe dovuto provare amore per la gente. Era in difficoltà a decidere. Portò i suoi figli dal suo maestro spirituale, che poteva vedere nel futuro, e gli spiegò il suo desiderio. Il maestro lo ascoltò e disse: "Tra pochi giorni io andrò su un'isola vicina. Manda i principi là; non devono utilizzare cavalli o qualsiasi mezzo di trasporto, non inviare alcun servo con loro, dai loro solo del cibo per il viaggio".

Nel giorno indicato e in accordo con le istruzioni ricevute dal maestro, il re mandò i due figli sull'isola, senza mezzi di trasporto o seguito. Il più vecchio dei principi si mise in viaggio per primo. Lungo la via un mendicante si accostò a lui, implorandolo: "Sto

---

[25] *Vanaprastha* è il terzo stadio della vita.

morendo di fame! Non mangio da due giorni. Ti prego, dammi qualcosa da mangiare!". Il principe ne fu infastidito e rimproverò i presenti: "Non sono io il figlio maggiore del re? È giusto lasciare che i mendicanti mi si avvicinino?". Si raccomandò che questo non si ripetesse e continuò il suo viaggio.

Poco dopo il principe più giovane percorse la stessa strada e incontrò lo stesso mendicante che gli chiese del cibo. Il principe pensò: "Io ho mangiato questa mattina. Questo poveruomo dice di non aver mangiato da due giorni! Che tristezza!". Il giovane principe proseguì il suo cammino solo dopo aver consolato il povero e avergli donato il pacco di cibo che portava con lui.

Per raggiungere l'isola, i principi dovevano attraversare un fiume. Quando raggiunsero la riva, incontrarono un lebbroso, il cui intero corpo era coperto da ferite purulente. Lo sventurato non sapeva nuotare: cercava aiuto per attraversare il fiume. Il principe più anziano si tappò il naso per non sentire il fetore che emanava dal lebbroso e guadò il fiume.

Il secondo principe, invece, sentì che non poteva abbandonare lì il povero lebbroso e pensò: "Poveretto! Se non lo aiuto io, chi lo farà?". Lo mise sulle sue spalle ed entrò nel fiume. Improvvisamente il livello dell'acqua incominciò a salire poiché una grossa frana a monte aveva creato una corrente molto potente. Il principe maggiore non riuscì ad ancorarsi saldamente con i piedi. Mentre l'acqua saliva rapidamente cercò di nuotare, ma non ci riuscì e venne spazzato via dalla corrente. Anche se il livello dell'acqua continuava ad aumentare, il giovane principe non lasciò andare il lebbroso; cercò di nuotare mentre lo trasportava. Le braccia e le gambe incominciarono a divenire sempre più deboli, non poteva reggere più a lungo. Fu allora che vide un albero sradicato galleggiare nel fiume. Lo afferrò e fece fare lo stesso al lebbroso; tenendosi all'albero, raggiunsero salvi l'altra sponda. Il principe lasciò là il lebbroso e andò dal maestro spirituale.

Fu la compassione del giovane principe a ritornargli sotto forma dell'albero che lo salvò. La grazia arriva automaticamente a coloro che sono compassionevoli. Non si può sfuggire a una corrente molto forte, non importa quanto buoni nuotatori si possa essere. L'unico rifugio in quel momento è la grazia divina, ma non vi sarà data quella grazia senza compiere buone azioni. Figli miei, ogni nostra azione dovrebbe essere colma di compassione.

La grazia è essenziale per il successo

Vediamo spesso sui giornali inserzioni di offerte di lavoro. Il candidato deve avere, per esempio, conseguito un "master" nei suoi studi, essere di una certa altezza, allegare un certificato medico, come pure delle referenze. Solo chi soddisfa questi requisiti può presentare la domanda. Quando l'esame scritto e il colloquio sono terminati, si scopre che alcune delle persone che hanno risposto esattamente a tutte le domande non sono state selezionate per il lavoro, mentre sono stati scelti alcuni di coloro che hanno commesso diversi errori nelle risposte.

Questo succede spesso. Qual è il motivo? Quelli che non sono stati scelti non avevano quella grazia capace di conquistare il cuore dell'esaminatore, mentre quelli che l'avevano hanno ottenuto l'impiego, anche se qualcuna delle risposte era sbagliata. Il successo in ogni impresa dipende anche dalla grazia. Si raggiungerà la perfezione in qualsiasi iniziativa solo se, oltre a tutto l'impegno umano, la grazia è presente. Soltanto allora la vita può procedere e fluire. Questa grazia, tuttavia, non può essere ottenuta senza la purezza nelle proprie azioni.

Dare solo a chi merita

Il novanta per cento dei figli di Amma riuniti qui oggi non ha una comprensione corretta della spiritualità. Ogni individuo può assimilare le cose solo secondo la propria capacità di pensiero e il proprio samskara. Quando si danno delle spiegazioni è quindi necessario porsi al livello di ognuno: non si può dare lo stesso consiglio a tutti, poichè le stesse parole saranno comprese in modo diverso da persone diverse. Questo è il motivo per cui si dice che si dovrebbe conoscere chi ascolta prima di impartire insegnamenti spirituali.

Immaginate che in un negozio di calzature le scarpe siano tutte dello stesso stile e misura. Anche se vengono un centinaio di acquirenti, solo un numero è disponibile. Quel negozio non sarà di grande utilità, anche se ci sono tantissime scarpe: è necessario che siano disponibili varie misure, così che i clienti possano scegliere quella giusta per loro. La nostra cultura, *Sanatana Dharma*[26] (il Principio Eterno) accoglie molteplici sentieri. Perché si possano elevare persone che provengono da diversi ambiti culturali, ciascuna di esse va condotta per un sentiero che tiene in considerazione la specificità della sua mente e le circostanze della sua vita: solo così si possono portare all'obiettivo.

C'è una sola Verità. I saggi la chiamano con nomi diversi

L'Induismo si riferisce a molte divinità differenti. I rituali e le osservanze prevalenti nelle varie parti dell'India sono diversi. La popolazione dell'India è cresciuta con diverse culture; questa terra è stata governata da capi di svariate nazioni. Questa fu la causa che diede origine a molteplici modi di adorazione, in accordo con le diverse culture e divinità. Ma la Coscienza-Energia che esiste in tutte loro è una e la stessa. Come la schiuma sarà bianca sia se usate del sapone verde, blu, o rosso, così la Coscienza-Energia delle diverse divinità è la stessa. È proprio questa Coscienza-Energia, questo Dio unico, che si deve realizzare. Egli esiste pure in noi, è onnipresente. Si trova nel cuculo che canta, nel corvo che gracchia,

---

[26] Sanatana Dharma (il Principio Eterno) è, secondo la tradizione, il nome dell'Induismo.

nel leone che ruggisce, nell'oceano roboante. È la stessa energia che vede attraverso i nostri occhi, che sente attraverso le nostre orecchie, che assapora per mezzo della nostra lingua, che odora con il nostro naso, che sente con la nostra pelle e che fornisce energia alle nostre gambe quando camminiamo. È l'energia che riempie ogni cosa e di cui occorre fare esperienza.

Coltivate l'atteggiamento dell'abbandono

La nostra devozione non deve assomigliare alla condizione di una piccola scimmia. La scimmietta si aggrappa alla pancia della mamma. Mentre la mamma salta da un ramo all'altro, la piccola potrebbe cadere se allentasse la presa. Questa dovrebbe essere la nostra preghiera: "Madre, tienimi stretto!". Dovremmo avere un tale senso di abbandono. Allora non ci sarà bisogno di avere alcun timore e, anche se la nostra stretta si allenta, ci proteggerà la forte presa del Supremo.

I micini sanno solo come piangere. La loro mamma li afferrerà con la bocca e li porterà in un posto sicuro. I gattini non devono aver paura perché la mamma non lascerà la presa. Noi dobbiamo pregare: "O Madre, tienimi la mano e guidami!". Se lei ci guida, non possiamo cadere in una buca o in un fosso; non lascerà che ci smarriamo tra i nostri giochi (le attrazioni del mondo), ma ci condurrà alla meta. Questo è l'atteggiamento che dobbiamo sviluppare.

La pratica della ripetizione del mantra

Ripetere il mantra è una pratica spirituale che può essere compiuta sempre e con facilità. Figli miei, siete venuti qui in autobus. Non potete recitare il vostro mantra appena salite sulla corriera finché non arrivate qui? E perché non anche sulla strada del ritorno? Perché non prendete l'abitudine di ripetere il mantra mentre viaggiate? Perché rovinarsi la pace mentale e la salute parlando di altre cose durante il tragitto? Con la ripetizione del mantra non si conseguono solo pace mentale, ma anche vantaggi materiali, si ottiene non solo Dio, ma anche le glorie di Dio.

Il servizio all'umanità è servire Amma

Grazie agli sforzi compiuti da tutti i figli di Amma, il nostro ashram ha avuto la fortuna di poter fornire una notevole quantità di servizio in un tempo breve. Se si ci si impegna, possiamo fare molto di più per il mondo. Non appena si è saputo che progettavamo la costruzione di 25.000 abitazioni per i poveri, abbiamo ricevuto più di 100.000 richieste da coloro che volevano un alloggio! La maggior parte delle domande provenivano da persone che meritavano fosse data loro una casa. Se i figli di Amma decidono di aiutare, possiamo costruire una casa per ogni persona che non ha un posto dove dormire. Non c'è nessun dubbio a riguardo: il denaro che spendete in più nella vita di tutti i giorni sarebbe sufficiente per farlo.

"Da oggi in poi, non fumerò. Smetterò di bere alcolici. Invece di comperare dieci vestiti ne comprerò nove". Figli miei, prendete decisioni di questo tipo e usate invece il denaro in più per la costruzione di case per i poveri. Così, tra dieci anni non ci sarà nessuna area degradata in nessun parte della nazione. Alcune mamme vengono da Amma e le dicono: "Amma, la scorsa notte ha piovuto e nella nostra capanna entrava acqua da tutte le parti. Per evitare che la bambina si inzuppasse, ho dovuto tenere un tappetino (fatto di foglie intrecciate o plastica) sulla sua testa". Immaginate questo, figli miei - la madre che sta sveglia tutta la notte per la pioggia torrenziale, tenendo un tappetino sulla sua bambina così che lei possa dormire senza infradiciarsi in una capanna che lascia passare l'acqua! Allo stesso tempo ci sono persone che spendono migliaia di rupie in alcool e droghe.

Perché Amma ha deciso di costruire così tante case? Perché non ha pensato che alla sofferenza dei suoi figli. Se siamo riusciti in così breve tempo a portare a termine tutte le altre cose che abbiamo fatto, potremo compiere anche questo. Abbiamo ricevuto 100.000 richieste. Possiamo costruire 5.000 case all'anno. Se tutti voi lo volete, possiamo fare anche di più. Amma non ha innumerevoli figli? Se smettete di fumare per due anni, possiamo costruire una casa con il denaro risparmiato. Sono sufficienti due stanze dove una famiglia può dormire senza preoccuparsi della pioggia. Figli miei, ricordate questo quando impiegate del denaro in spese superflue.

Alcuni di voi fanno consumo di alcol, ganja (hashish), e così via. Cari figli miei, se lo fate, state realmente consumando il sangue e le lacrime, il sangue e le lacrime delle madri, delle mogli[27], dei figli, e dei fratelli della vostra famiglia! Figli miei, pregate Dio di avere la forza di eliminare tali cattive abitudini! Il cibo di Amma è la mente dei suoi figli che sono liberi dalla gelosia e dalla vendetta. Una tale mente è la gioia di Amma. Pregate allora Dio, figli miei, di essere liberi da tutte le gelosie e di ottenere la forza per realizzare cose positive! Pregate di avere la forza per liberarvi dalle cattive abitudini. Pregate per una mente che scorga solamente il bene in ogni cosa, come l'ape che gusta solo il nettare in ogni fiore.

Amma parla sempre di abbandono. Qualsiasi cosa facciate, cercate di farla come un'offerta a Dio. Pregate di poter vedere ogni cosa come il volere di Dio. Tale abbandono deve essere lo scopo della nostra vita.

---

[27] In Kerala è molto insolito che donne indiane fumino o assumano droghe.

*Amma assorta in preghiera in una delle cerimonie
eseguite il giorno del suo compleanno*

Un ideale per un'India libera

Messaggio per il compleanno di Amma del 1997

Omaggi a voi tutti che siete veramente l'incarnazione dell'amore e del Sé Supremo! Tutti i miei figli si sono riuniti qui con pazienza ed entusiasmo. Se saprete mantenere queste qualità nella vita, ogni cosa vi riuscirà, perché la pazienza e l'entusiasmo sono ciò che serve per avere successo nella vita.

Alcune persone sono piene di entusiasmo, ma non hanno pazienza, altre sono pazienti, ma non hanno entusiasmo. Il novanta per cento dei giovani sono pieni di entusiasmo, ma non si nota molta pazienza in loro: sono precipitosi e fanno le cose seguendo l'impulso del momento e, a causa della loro mancanza di pazienza, spesso falliscono i loro obiettivi. D'altra parte, le persone sui sessanta e settant'anni sono spesso molto pazienti: dalla loro esperienza nella vita hanno acquisito qualità come la pazienza, la capacità di discriminazione, l'intelligenza, ma non hanno molto entusiasmo. Se chiediamo loro perché è così, risponderanno: "Il mio corpo ha perso la forza; non riesco più a muovermi come vorrei". Questa è una situazione comune ai giorni nostri.

Osservate una bambina piccola: ha entusiasmo e pazienza; cerca di stare in piedi, cade e riprova, non rinuncia, anche se si fa male nell'impresa. Alla fine riesce a stare in piedi grazie ai suoi continui sforzi e al fatto che non perde né la pazienza, né l'entusiasmo. La piccola sa che sua madre è là a proteggerla, a pulire e a medicare la ferita se occorre. La bambina che ha appena imparato a camminare è ottimista sul buon esito perché la mamma è vicina, sempre a fianco per aiutarla nei suoi sforzi. Pazienza, entusiasmo, ottimismo: queste tre qualità dovrebbero essere i mantra della nostra vita. In ogni campo si può osservare che coloro che hanno fede riescono con successo, mentre chi ne è privo perde la propria forza.

Una ditta di scarpe inviò due uomini a vendere i propri prodotti in un villaggio lontano. Dopo pochi giorni, un venditore mandò un messaggio alla ditta: "Le persone qui sono tutte aborigene. Non sanno nulla sulle scarpe; sarebbe impossibile vendere qualcosa qui, così ritorno". Il messaggio dell'altro venditore era invece del tutto diverso. Scrisse: "Le persone qui sono aborigene. Non sanno nulla sulle scarpe. Camminano e dormono in mezzo allo sporco. Se insegniamo loro i benefici di indossare delle calzature, possiamo vendere un mucchio di sandali, quindi mandatemene subito un bel po'!". Questo venditore ebbe successo per la sua fede piena di ottimismo.

Se crediamo che Dio è sempre con noi ad aiutarci in ogni momento di crisi, otterremo l'energia e l'entusiasmo necessari a superare ogni ostacolo nella vita e il nostro ottimismo nell'avere successo non ci lascerà mai.

Rama, Krishna, Cristo e Maometto incontrarono tutti molti ostacoli, ma non ebbero mai alcuna esitazione. Essi andarono avanti per la propria strada senza mai guardarsi indietro e, come risultato, il successo fu sempre con loro. Continuano a vivere anche oggi. Quando Amma dice questo, potreste pensare: "Ma non erano tutti *avatar*[28]? Essi furono in grado di fare quelle cose, ma come potranno mai, le persone normali come noi, essere come loro?". Figli miei, nessuno di voi è una persona ordinaria! Ciascuno di voi possiede poteri straordinari. C'è una forza infinita in noi, ma in questo momento essa è dormiente; dobbiamo solo svegliarla e poi la vittoria è sicura.

---

[28] Incarnazioni dell'Essere Supremo

Ricevere la grazia

Il nostro corpo è cresciuto, ma la mente no. Affinché la nostra mente si espanda come l'universo, dobbiamo diventare come dei bambini, dobbiamo risvegliare il bambino che è in noi. Solo un bambino può crescere. Quello che abbiamo in noi oggi è l'ego, e niente può essere ottenuto con quel "senso dell'io". Esso deve scomparire e un senso di espansione deve prendere il suo posto.

Amare Dio è sentire rispetto verso ogni cosa, non significa solo pregare. Dio non è qualcuno seduto da qualche parte in cielo. Dio risiede in ciascuno di noi; dobbiamo sviluppare questa consapevolezza. L'umiltà è il principale requisito per conseguirla. Si deve imparare ad avere sempre l'atteggiamento di un principiante, perché così non c'è arroganza. Ma per fare questo bisogna rinunciare a qualcosa di grosso, dobbiamo rinunciare al "senso dell'io", che è un ostacolo per ogni cosa. Lasciandolo andare, ci assicuriamo il successo nella nostra vita. Si dice che in ogni risultato positivo la grazia di Dio è più importante dello sforzo che noi compiamo. Il nostro ego è l'ostacolo a quella grazia; dobbiamo dunque rinunciare in qualche modo all'ego e la nostra rinuncia ci renderà grandi.

In ogni caso, per qualificarci per la grazia, dobbiamo creare del buon karma. Diciamo sempre: "Dammi questo! Dammi quello!", ma non abbiamo imparato a dire: "Grazie!". Si deve imparare a esprimere gratitudine in tutte le circostanze. Invece di pensare a quello che possiamo ottenere dagli altri, si deve sempre pensare a quello che si può fare per gli altri: questo è l'atteggiamento da coltivare.

Un uomo andò a visitare un amico nella sua nuova casa. Appena giunto, rimase fuori per un momento godendosi la bellezza della grande casa. Quando il proprietario uscì a dargli il benvenuto, egli domandò con sorpresa: "Quante persone vivono in questa casa?".

"Vivo solo", rispose l'amico.

"Tu vivi qui da solo! È tua questa casa?".

"Sì".

"Dove hai trovato il denaro per costruire una casa simile a una tale giovane età?".

"Mio fratello maggiore l'ha costruita per me; lui ha molti soldi".

Poiché il visitatore rimase in silenzio, l'amico disse: "So a cosa stai pensando. Non vorresti avere anche tu un fratello così?".

"No," disse il visitatore, "pensavo che se solo fossi ricco come tuo fratello, allora, anch'io, avrei potuto donare una casa come quella!".

Figli miei, questo è l'atteggiamento da avere, l'atteggiamento di voler dare. Solo chi dà può ricevere: offrendo, riceviamo la pace mentale.

Molti tipi di onde viaggiano nell'atmosfera intorno a noi; anche i pensieri sono onde. Questo è il motivo per cui si dice che ogni pensiero e ogni parola devono essere formulati con cura. Si dice che la tartaruga schiude le sue uova con i pensieri, il pesce con lo sguardo e la gallina con il contatto corporeo. Anche le onde dei nostri pensieri sono potenti. Se ci arrabbiamo con qualcuno che non ha nessuna colpa, egli ci resterà male e dirà: "O mio Dio, non ne so niente! Perché mi dicono tutto questo?". L'onda di dolore che proviene da quella persona ci raggiungerà e sarà catturata e assorbita dalla sottile aura che ci avvolge. Come il fumo copre uno specchio, essa oscurerà l'aura. Proprio come il fumo impedisce alla luce di raggiungere lo specchio, il buio causato da quell'onda di dolore ci impedirà di ricevere la grazia divina. Ecco perché ci viene chiesto di rinunciare ai cattivi pensieri e di nutrire invece pensieri su Dio: coltivando un costante ricordo di Dio, si diventa come Lui.

Alcuni pensano: "Diventerò buono quando gli altri lo diventeranno". Questo è come progettare di fare il bagno nell'oceano quando tutte le onde si saranno calmate. Non si deve sprecare nessuna occasione per fare del bene agli altri, per aiutarli. Nessun pensiero sulle persone che non hanno contraccambiato dovrà mai impedirci di fare del bene agli altri.

Dobbiamo coltivare la compassione in noi. Essa deve risplendere in ogni nostra parola e pensiero.

Le azioni e i loro frutti

A volte si dice che la nostra vita dovrebbe essere come i nostri occhi, perché essi mettono a fuoco, a seconda della distanza dell'oggetto, permettendoci così di vedere. Allo stesso modo dobbiamo sviluppare una mente che possa adattarsi a qualsiasi situazione nella vita: questo diviene possibile grazie alla spiritualità. Abbiamo bisogno di pace nel nostro cuore, così da poterci adattare alle diverse situazioni. Solo con la meditazione possiamo ottenere la vera pace.

Al momento, siamo solo come delle macchine ubbidienti, ma non dovremmo essere così. Abbiamo bisogno di essere svegli e di avere il senso della discriminazione. Se la vita ordinaria è come guidare un'auto per strada, la vita spirituale è come guidare un aeroplano. Le auto possono muoversi solo sul terreno, non possono distaccarsene neppure un po'. Gli aeroplani, al contrario, si muovono sul terreno e poi possono elevarsi a grandi altezze. Quando si raggiungono le grandi altezze, si acquista la capacità di vedere ogni cosa da testimone.

Molti dicono che sebbene non abbiano commesso consapevolmente niente di sbagliato, devono comunque soffrire molto. Una cosa è certa: sperimentiamo solo i frutti di ciò che abbiamo fatto, senza poterlo evitare. Se un vitello viene lasciato libero in mezzo a un migliaio di mucche, troverà la sua mamma e andrà da lei. Nello stesso modo, i frutti delle nostre azioni verranno da noi e solo da noi. Dio non ha creato nessuno solo perché possa venire punito.

In una famiglia c'erano tre figli i cui genitori morirono. I ragazzi erano tutti laureati, ma non avevano ancora trovato un lavoro. Un ricco signore ebbe pietà di loro: li invitò a casa sua e diede loro un impiego. A tutti e tre venne data la stessa mansione. Uno di loro iniziò a prendere delle tangenti. Il capo lo mise in guardia parecchie volte, ma lui non volle ascoltare. Così, poiché non era adeguato a un posto di responsabilità, fu rimosso dalla sua mansione e gli fu dato un lavoro da portiere. Il secondo figlio era disciplinato e onesto, ma andava a ritirare il suo stipendio esattamente alla fine di ogni mese; non era solito aspettare neanche un giorno di più. Il capo lo promosse poiché era disciplinato e affidabile. Il terzo fratello non era come gli altri due. Come il secondo fratello, svolgeva l'incarico affidatogli con onestà e disciplina. Tuttavia, alla fine di ogni mese, rifiutava il salario che gli veniva offerto, dicendo: "Lei mi ha dato questo lavoro e una casa, mi fornisce il cibo, il vestiario e qualsiasi cosa necessiti. Perché, quindi avrei bisogno di uno stipendio?". Un po' di tempo dopo il ricco signore morì e nel testamento lasciò tutti i suoi averi al giovane che aveva lavorato senza accettare il salario. Alla fine, la persona che aveva lavorato onestamente venne promossa a un incarico più elevato, quello che aveva accettato delle tangenti ed era stato disonesto venne retrocesso e gli fu affidata la mansione di portiere, mentre colui che aveva lavorato secondo i voleri del suo benefattore e con l'atteggiamento di chi non vuole nulla per sé, finì per ereditare tutto. Questa è anche la nostra situazione. Ciò che sperimentiamo sono i frutti delle nostre azioni.

Nella vita accadono solo due cose: si compiono delle azioni e si gode dei loro frutti. Le azioni positive portano buoni frutti e quelle negative frutti cattivi. Un'azione non è solo ciò che si fa con le mani e i piedi, perché anche i pensieri sono azioni. Parlare male degli altri è un'azione negativa e dà come risultato l'infelicità.

Quando soffriamo, non dobbiamo tuttavia angosciarci pensando di essere dei peccatori. Prendendo coscienza che ora stiamo ricevendo i frutti delle nostre azioni negative commesse in passato e che non dobbiamo ripeterle, dobbiamo impegnarci a riempire i momenti che rimangono nella vita con azioni positive. Non condannatevi come un peccatore, un buono a nulla, e così via. Lasciate ogni cosa alla Volontà Divina e conducete un'esistenza colma di compassione e servizio. Questo è il modo più facile per ottenere la pace nella vita.

Figli miei, dovete sapere che non accade niente secondo il nostro volere. Se si mettono dieci uova a schiudersi, non le vedremo aprirsi tutte come dovrebbero. Tale cosa non accade mai. Se il nostro volere prevalesse, allora tutte le dieci uova si schiuderebbero nel modo giusto. Abbiamo bisogno di sviluppare un atteggiamento che lasci ogni cosa al volere di Dio, un atteggiamento di abbandono. Questo deve essere il nostro scopo nella vita.

Qualcuno chiede: "Il vostro Krishna non ci disse di lavorare senza essere retribuiti?". Niente affatto. Quello che il Signore disse era che il risultato delle nostre azioni può non essere quello che ci si aspetta. Rimarremmo quindi dispiaciuti se desiderassimo i frutti delle azioni. Krishna non disse di lavorare senza essere pagati. Ci chiese di sviluppare un atteggiamento di abbandono così da ricevere il giusto compenso.

Si dice che la vita è colma di felicità e di dolore. La vita è come il pendolo di un orologio. Il pendolo si dirige verso la felicità ma non rimane lì; oscillando, ritorna indietro verso il dolore. La spiritualità armonizza i due movimenti. I buoni nuotatori si divertono a giocare con le onde dell'oceano, mentre chi non è capace di nuotare soccomberà tra le onde. Se si conoscono i principi della spiritualità, si può mantenere il sorriso in tutte le circostanze della vita e certamente si raggiungerà la meta. Krishna ci consigliò come raggiungere lo scopo senza crollare lungo il percorso.

L'amore coniugale

Molte persone diverse, con molteplici e svariati problemi, incontrano Amma. Innumerevoli problemi famigliari sorgono da questioni veramente banali. Con un po' di pazienza, la maggior parte dei problemi potrebbero essere risolti. Una volta, una coppia in difficoltà venne da Amma. Occasionalmente la moglie viveva episodi di leggero squilibrio mentale, e in seguito non ricordava quello che aveva detto in quei momenti. Questo accadeva quando viveva situazioni di stress. Ma lei amava veramente il marito e, sapendolo, Amma disse all'uomo: "Figlio, devi stare un po' attento, questo è tutto. Quando tua moglie dice quelle cose, devi capire che è a causa della sua malattia e devi perdonarla. Lentamente migliorerà". Ma il marito non voleva accettarlo e rispose: "Perché dovrei cederle? Non è mia moglie?". Quello era il suo atteggiamento. E cosa accadde quindi? La discordia in famiglia aumentò e peggiorò anche la malattia della donna. I famigliari della moglie la portarono via e la vita del marito fu distrutta: egli cominciò a bere, bevendosi tutti i suoi averi. La vita per lui diventò un inferno. Se fosse stato più comprensivo verso la malattia della moglie e si fosse mostrato amorevole e paziente con lei, non sarebbe accaduto niente di tutto ciò. Quindi, figli miei, dovete cercare di capire ogni situazione che incontrate nella vita.

Quando Amma viaggia all'estero, le persone alcune volte le chiedono: "Le donne in India non vengono trattate come schiave?". Amma risponde loro: "Assolutamente no. In India, la relazione tra marito e moglie è fondata sull'amore". Si dice che una donna deve avere tre qualità o aspetti: quello di una madre, di un'amica e di una moglie. Occorre che tutti e tre siano presenti. È sbagliato dire che una moglie dovrebbe avere solo una particolare qualità. Una donna non dovrebbe essere come un albero cresciuto in un vaso da fiori (suo marito), perché l'albero in un vaso non può crescere elevandosi fino al cielo. Un tale albero è indebolito poiché le sue radici vengono ripetutamente spuntate. Nessun uccello farà il nido tra i suoi rami, nessun frutto crescerà su di lui. Un albero sviluppatosi in questo modo non ha forza. Se però lo trapiantiamo nella terra, vedrete come cresce! Vedrete realizzarsi tutto il suo potenziale.

In modo simile, è sbagliato dire che la donna è debole. La donna è forte! Dobbiamo solo permettere a quella forza di svilupparsi e di scoprirsi, invece di potare le sue radici e di confinarla in un vaso. Una donna che sviluppa il suo pieno potenziale è come un enorme albero ombroso che protegge la famiglia, la società e la nazione.

Il marito e la moglie devono diventare una cosa sola. Questo è l'atteggiamento da coltivare. La vita è fatta per condividere, non per possedere. A questo proposito Amma ricorda una storia. C'era un uomo che aveva il vizio di scommettere alle corse dei cavalli. Perse tutto il suo denaro con i cavalli e andò in fallimento. Ritornò a casa e disse alla moglie: "I miei affari sono andati in rovina. Che fare adesso?".

Lei rispose: "Da ora in poi evita di andare alle corse. Possiamo riuscire a vivere con quello che abbiamo".

"D'accordo, ma allora devi rinunciare all'acquisto di abiti costosi", disse il marito.

"Va bene", rispose la donna, "non possiamo neanche più permetterci di avere un autista, ma tu sai guidare".

"È vero!", concordò il marito, "Guiderò io l'automobile. Inoltre, non possiamo più permetterci la cuoca. Ti aiuterò in cucina quando ne avrai bisogno".

La moglie acconsentì volentieri. Condivisero la loro vita in questo modo. Eliminarono le spese non indispensabili e si rifecero della perdita che avevano subìto. Questo è il tipo di vita che dobbiamo costruirci.

Diventare un solo cuore, diventare uno: la vita non è fatta per separarci gli uni dagli altri, per accusarci reciprocamente e dire: "Chi sei tu per dirmi cosa devo fare?".

L'amore è la ricchezza dell'India. L'amore è il fondamento stesso della vita. Il novanta per cento dei problemi fisici e mentali che affrontiamo derivano da dolori e sofferenze del passato; ciascuno di noi vive con molte ferite non sanate. La scienza medica non ha trovato una medicina per guarirle. Ma in realtà c'è un'unica cura per tutte loro: aprire reciprocamente i nostri cuori.

Condividete i pensieri e i sentimenti, fate uno sforzo per riconoscere e soddisfare i bisogni l'uno dell'altro. Miei cari figli, quando si svilupperanno l'amore e il mutuo rispetto, i vostri problemi diminuiranno. L'amore è il terreno stesso della vita. La causa di tutti i nostri problemi di oggi è che consapevolmente o inconsapevolmente lo ignoriamo. Se il corpo ha bisogno di cibo per crescere, l'amore è ciò di cui ha bisogno l'anima. L'amore fornisce al bambino una forza e una vitalità che nemmeno il latte materno riesce a dare.

Quindi, figli miei, amatevi l'un l'altro e diventate un'unica cosa. Questo è ciò che Amma desidera. Questo è l'ideale che i figli di Amma devono nutrire.

Un voto nel giorno dell'Indipendenza

Recentemente l'India ha celebrato il cinquantesimo anniversario della sua indipendenza. Amma era all'estero in quel momento. Ogni volta che ci imbarcavamo su un volo, andando da una città all'altra, chi viaggiava in aereo con Amma leggeva i giornali e con tristezza le diceva: "Amma, guarda cosa hanno scritto sull'India! Dicono che non c'è per niente progresso, che c'è fame e inquinamento ovunque. Gonfiano i problemi in modo smisurato".

Ogni tre giorni cambiavamo città e, ovunque andassimo, sugli aerei si leggevano i quotidiani che riportavano notizie negative sull'India, che condannavano la nazione. Nessuno esprimeva qualcosa di positivo. Alla fine, quando arrivammo in Europa, un giornale aveva scritto: "Non possiamo dire che non ci sia progresso in India. Se paragoniamo la situazione odierna con il giorno in cui ottenne l'indipendenza, qualche progresso è stato fatto". Dopo così tanti giorni finalmente potemmo almeno leggere quello.

Cosa deve essere fatto, quindi, mentre celebriamo il cinquantesimo anniversario dell'Indipendenza dell'India? Quelli che tra voi fumano, devono fare il voto di smettere. Quelli che bevono, devono prendere la decisione di abbandonare il bere. Se poi unite e mettete insieme il denaro che prima spendevate in cose non necessarie, possiamo sostituire le fragili capanne del villaggio con vere case. Possiamo dare ai bambini bisognosi un'educazione. Ci sono così tanti bambini che sono stati costretti a interrompere gli studi perché non potevano permetterselo. Un figlio di Amma adolescente può, per esempio, pulire i canali di scolo nel villaggio e contribuire a combattere l'inquinamento atmosferico nel villaggio e nei suoi dintorni. Se ciascuno di noi si impegna in questo modo, la nostra Bharat[29] diventerà una terra dove regna la prosperità. Possiamo trasformare questa terra in un paradiso. Se le persone ricche di questa nazione vogliono salvare gli altri, possono farlo facilmente. Ma non vediamo quasi nessuno fare uno sforzo in questa direzione, così dobbiamo dare noi l'esempio, figli miei!

Come Amma ha detto precedentemente, siate pronti ad agire senza avere nessuna aspettativa sul risultato. Questo non significa che dobbiamo rinunciare a tutto. Mangiate, parlate e dormite secondo i vostri bisogni; è egoistico indulgere in essi. Si dice che le persone fumino e bevano per provare la felicità. Ma la vera felicità sta all'interno e non può essere trovata in nessun oggetto esterno.

---

[29] Il nome tradizionale dell'India.

Una volta che abbiamo capito questo, le nostre dipendenze verso tali cose si indeboliranno e allora potremo mettere da parte quel denaro per aiutare invece i poveri. Saremo allora pronti a ricevere la grazia e la compassione di Dio[30] e la nostra vita sarà così di beneficio agli altri. Figli miei, almeno d'ora in poi, non create l'opportunità per la gente delle altre nazioni di accusarci sui loro giornali! Prendete questa decisione oggi!

Ad Amma non interessano queste celebrazioni di compleanno. Capite lo scopo della vostra nascita, figli miei! Questo è ciò che occorre. Se qualcuno è sinceramente deciso a scoprirlo, darà ad Amma molta più gioia di ogni celebrazione di compleanno.

Ci sono molti che sono venuti da Amma e hanno fatto il proposito di vivere una vita di rinuncia. Molti hanno smesso di bere o hanno abbandonato il loro modo di vivere vistosamente lussuoso. Come risultato, abbiamo avuto la grande fortuna di compiere tanto servizio volontario. Se tutti voi, figli di Amma, pensate allo stesso modo, possiamo trasformare questa stessa terra in paradiso. Possiate essere benedetti con la forza mentale per fare questo.

---

[30] Nota dell'editore. Amma dice che la grazia di Dio si riversa continuamente su di noi, ma che la grazia può essere ricevuta solo se il nostro cuore è aperto abbastanza per riceverla. "Essere pronti" in questo contesto significa avere un cuore aperto.

Considerare ogni essere vivente come il proprio Sé.

Messaggio per il compleanno di Amma del 1998.

Amma si inchina a tutti voi che siete veramente l'incarnazione dell'amore del Sé Supremo!

Figli miei, incominciamo recitando insieme il mantra *"Lokah samastah sukhino bhavantu"*.

Molti muoiono, non solo in India, ma anche in altre parti del mondo per alluvioni, tempeste, frane e così via. Migliaia di persone soffrono terribilmente per guerre internazionali e civili: non siamo riusciti a liberarci da simili miserie. A causa di tali situazioni Amma non è favorevole all'idea di un festeggiamento, tuttavia Amma lo vede come un'opportunità per ritrovarci tutti insieme a pregare. La preghiera di gruppo è molto preziosa, con la preghiera collettiva possiamo certamente portare dei cambiamenti alle tristi condizioni odierne. Perciò, chiudete tutti gli occhi e ripetete il mantra "Om lokah samastah sukhino bhavantu", pregando affinché a tutti gli esseri viventi in ogni luogo siano concesse pace e felicità.

La condivisione nella vita

Questo mantra ci fu donato dai Rishi, i nostri antichi progenitori. Lo si recita non solo per il nostro beneficio personale e quello delle nostre famiglie. Il significato della preghiera è: "O Essere Supremo, possano tutti gli esseri in tutti i mondi provare pace e felicità!". Figli miei, dobbiamo tuttavia chiederci se siamo così aperti e tolleranti da essere capaci di pronunciare questa invocazione.

Amma ricorda un aneddoto. Un uomo, a cui era morta la moglie, chiamò un sacerdote affinché recitasse una preghiera per la pace dell'anima della defunta. Durante la cerimonia, il prete ripeté il mantra 'Om lokah samastah sukhino bhavantu' e il marito, che non ne conosceva il significato, gli domandò: "Cosa significano le parole che ha appena pronunciato?". Il prete disse: "O Essere Supremo, possano tutti gli esseri in tutti i mondi provare pace e felicità!".

Appena il marito lo seppe, esclamò: "Non le avevo chiesto di venire qui per pregare per l'anima di mia moglie? E nonostante ciò il mantra che lei ha appena ripetuto non ha nessun riferimento al nome di mia moglie o alla sua anima!". Il prete rispose: "Questa è la preghiera che mi insegnò il mio maestro spirituale. In verità, è quando preghiamo per il mondo intero che l'anima di tua moglie prova pace e viene elevata. Non conosco un altro modo di pregare".

Il marito non poté ribattere, ma disse: "Non potrebbe almeno escludere dalla preghiera i miei vicini che stanno a nord della proprietà? Sono stati molto ostili con noi. Può pregare per tutti eccetto che per loro!".

Figli miei, questo è attualmente il nostro atteggiamento, ma esso non è un comportamento da incoraggiare: no, esso va cambiato! Occorre modificare interamente il nostro punto di vista. Questi mantra non devono essere pronunciati solo con le labbra: sono principi da mettere in pratica nella vita. Solo allora si realizzerà la visione dei nostri progenitori, solo allora le nostre preghiere saranno fruttuose.

La meditazione favorisce la prosperità materiale, la pace e la liberazione. Quando meditate, cercate di dimenticare ogni altra cosa. Dimenticatevi di tutto quanto mentre sedete qui e meditate per un poco. Che cosa guadagnate pensando alle questioni famigliari mentre siete seduti qui? Sprechereste solo il vostro tempo. Se remate su una barca che resta ormeggiata alla banchina del fiume, non arriverete dall'altra parte.

Dimenticate l'"io" e il "mio" e abbandonate ogni cosa a Dio. Dio è tutto. "Le cose non vanno secondo i miei piani; non è tutto questo fatto dal Tuo volere?". Siatene coscienti e abbandonate tutto a Dio. Vivete nel momento presente. Non si porta niente con noi quando si viene in questo mondo, né si prende niente quando lo si lascia. Si deve essere consapevoli di questo e praticare la meditazione. Non appena incominciate a recitare un mantra, ne trarrete beneficio. È come un deposito in banca: non appena viene fatto il deposito, il vostro interesse inizia a maturare. Non pensate che la meditazione sia solo stare seduti con gli occhi chiusi. Un viso sorridente, una parola gentile, uno sguardo compassionevole, tutto ciò è parte della meditazione. Attraverso la meditazione, il nostro cuore deve diventare compassionevole: solo in un cuore simile può risplendere Dio! Dobbiamo riuscire a sentire la sofferenza degli altri e a condividerla. Questo ricorda ad Amma una storia.

Un ragazzo vide davanti a un negozio un cartello con la scritta "Cuccioli in vendita!". Aveva un forte desiderio di comperarne uno, così entrò nel negozio. Quando domandò quanto sarebbe costato un cucciolo, gli fu risposto tra i cento e i duecento dollari. Chiese allora: "Non ho così tanto denaro, ma posso almeno vederli?". Il negoziante non poté rifiutare la richiesta del ragazzo, fece un fischio e una figliata di cuccioli con la madre arrivò di corsa dal retrobottega. Il ragazzo guardò con interesse gli animali e quando vide che l'ultimo cagnolino zoppicava dietro gli altri, esclamò: "Oh, guarda! Cosa gli è successo?". Il negoziante disse: "Quel cucciolo è nato zoppo da una zampa. Il veterinario dice che non guarirà". Il ragazzo guardò con pietà il modo in cui il cagnolino zoppicava e chiese: "Me lo lascia comperare? Non riuscirò a trovare adesso l'intera somma, ma posso pagarne una parte subito e il resto lo verserò in rate mensili". Il rivenditore rimase sorpreso: "Perché vuoi quello, figliolo? Non riuscirà a correre e giocare con te. Non ne preferiresti un altro?".

Il ragazzo insisteva invece per comprare il cucciolo zoppo. "In questo caso, non devi pagare niente per lui," disse il negoziante, "puoi averlo gratuitamente!".

"No, voglio comperarlo allo stesso prezzo che ha chiesto per gli altri cuccioli", esclamò il ragazzo con decisione. Quando il venditore gli chiese perché prestasse così tante attenzioni a un cucciolo zoppo, il ragazzo sollevò la gamba, la mise sul tavolo e tirandosi su i pantaloni, mostrò la sua gamba artificiale e disse: "Guardi questa! Anch'io sono senza una gamba. Così potrò condividere quello che sento con quel cucciolo e lo stesso varrà per lui! Capirò il suo dolore e lui il mio".

Anche se Amma racconta la storia in questo modo, per capire le sofferenze degli altri non è necessario provare lo stesso dolore. Possiamo sentire la sofferenza altrui senza passare attraverso quello che essi sperimentano. Quindi, cercate di pensare alla sofferenza degli altri come alla vostra e alla felicità degli altri come alla vostra. Questo è l'atteggiamento che si deve avere e coltivare. Amma sa che è difficile, ma tentate, figli miei!

Ci sono un miliardo di persone in India. Solo un quarto di loro ha adeguati mezzi finanziari. Metà delle restanti persone sono piccoli agricoltori e il resto sono veramente poveri. Non c'è una vera ragione perché esista la povertà in questa nazione. Figli miei, la situazione attuale potrebbe essere cambiata se le persone come voi facessero uno sforzo per aiutare. Sapete che non abbiamo chiesto aiuti a nessuno, né abbiamo raccolto fondi per lo sviluppo dell'ashram. Esso è cresciuto grazie ai vostri sforzi, figli miei. Il vostro duro lavoro è la sola cosa che ha aperto la strada ai nostri progetti di assistenza. Le persone come voi e i residenti dell'ashram hanno lavorato fino a ventidue ore al giorno. Avete lavorato senza alcun compenso e senza aspettarvi niente in cambio, riducendo le vostre richieste a solo due paia di vestiti e mangiando solo due pasti al giorno invece di tre. Avete offerto tutto il denaro risparmiato in questo modo al servizio del mondo. I figli di Amma che hanno famiglia aiutano come possono. Molte donne che erano abituate a comperare dieci sari all'anno, ora ne comperano solo otto. Diverse persone che bevevano e fumavano hanno rinunciato a queste abitudini. È solo grazie all'altruismo delle persone che siamo in grado di servire i poveri e i sofferenti in questo modo. Se tutti voi riusciste a dedicarvi a questo obiettivo, potremmo di certo almeno in modo parziale, se non completo, riuscire a cambiare la situazione in questa nazione. Potreste dire: "Ma portare una goccia d'acqua dall'oceano sulla terra, non farà sicuramente la differenza!". La farà, invece, perché dopotutto ci sarà una goccia d'acqua in meno nell'oceano! Allo stesso modo, se ciascuno di noi cercherà di fare qualcosa di buono, si potrà certamente vedere la differenza nella società. Questo è l'atteggiamento che dovete coltivare, figli miei.

Rinunciate all'egoismo

Proprio perché ogni figlio di Amma è disposto a vivere in accordo con il significato del mantra che ripete, gli è possibile fare così tante cose in modo altruistico, per il bene della società. Oggigiorno, tuttavia, l'egoismo governa il mondo. L'egoismo è ciò che si cela dietro all'amore che si vede nel mondo. In una certa famiglia, due figli andarono insieme dal padre e gli dissero: "Papà, noi figli ci prenderemo cura di te. Perché non trasferisci la proprietà della tua casa e tutti i tuoi averi a noi?". Confidando nelle dolci parole dei figli, il vecchio fece un atto in cui donava loro ogni cosa. Pensò che i suoi figli avrebbero fatto a turno e che lui avrebbe vissuto ogni volta con uno dei due per un paio di mesi. Quando i suoi averi furono divisi tra i figli, andò a stare con uno di loro. Dopo solo due settimane, il figlio e la nuora incominciarono a cambiare atteggiamento nei suoi confronti. Così si trasferì e andò a stare dall'altro figlio. Dopo solo cinque giorni non poté continuare a vivere là, perché non riusciva a sopportare le pungenti osservazioni che riceveva dalla nuora. Egli piangeva tutto il tempo e alla fine si rifugiò in un ashram. Sentendo la storia dell'uomo, il maestro spirituale dell'ashram gli diede qualche consiglio. Un mese dopo, il padre ritornò dai figli portando con sé una scatola. Con impazienza i figli volevano sapere cosa contenesse la scatola. Alla loro insistenza, il vecchio disse: "Ho convertito una parte delle mie ricchezze in oro, che tengo in questa scatola, ma non la darò a nessuno finché sono vivo. Quando morirò potrà averla uno di voi". L'atteggiamento dei figli cambiò non appena sentirono questo: non avevano parole per esprimere l'amore che improvvisamente provavano per il padre. Assieme alle mogli lo imploravano: "Vieni a stare con noi, papà! Ti prego, vieni a casa nostra!". Si mostravano sempre più ospitali con lui. Alla fine arrivò il giorno in cui il vecchio morì. Dopo il funerale, i figli si affrettarono ad aprire la scatola che avevano tenuto d'occhio per tutto il tempo e con grande eccitazione rimossero il coperchio: la scatola era piena di comuni sassi!

Figli miei, questo è il tipo di amore che riceviamo dal mondo. Se ci aspettiamo qualcosa dal mondo, non avremo altro che lacrime.

Figli miei, lo sforzo fatto da tutti voi è la fonte di ogni successo che abbiamo ottenuto. Voi siete miei figli! Siete l'unica ricchezza di Amma. Amma non ha niente di suo. Tutto quello che vediamo oggi proviene dal vostro altruismo. Ricordatevi così di una cosa in particolare, miei cari figli. Se anche solo una briciola di egoismo cerca di entrare nella vostra mente, dovete liberarvene in un modo o nell'altro. Una singola scintilla è sufficiente a dare origine a un incendio indomabile che riduce in cenere una intera foresta. Così è l'egoismo, ne basta poco per derubarci completamente della pace.

Talvolta vengono qui delle donne che piangono e tengono stretti due o tre neonati. Quando Amma chiede qual è il loro problema, esse rispondono: "Amma, ero partita con l'idea di suicidarmi con i miei figli. Poi ho sentito parlare di Amma, così siamo venute qui". Quando Amma vuole saperne di più, la donna risponde: "Mio marito beve. È drogato. A causa del bere, non andava mai a lavorare in orario, così perse il lavoro. Tuttavia non smise di bere. Infine vendette la casa, la proprietà, i miei gioielli, ogni cosa. Non potevamo permetterci neppure un pasto, non vedevo mai un viso sorridente in nessun posto: tutti ci odiavano, vedevo ovunque solo sguardi sprezzanti. Alla fine, tutto quello che potevo vedere chiaramente davanti, era il cammino verso la morte. Così imboccai quella strada con i miei bambini, ma invece siamo finiti qui con te, Amma!".

Amma vi dirà che quegli uomini stanno consumando non alcol e droghe, ma le lacrime e il sangue dei loro cari.

Il pescatore getta in acqua la lenza e aspetta. Il pesce abbocca all'amo e pensa: "Evviva! Ho trovato abbastanza cibo per oggi!", ma non si rende conto di essere nelle fauci della morte.

Il cane addenta un osso, lo morde con avidità e gusta il sangue che ne viene fuori. Solo più tardi si accorgerà che il sapore del sangue proviene dalle sue gengive lacerate. La felicità non si trova negli oggetti, esiste dentro di noi. Figli miei, dovete capire questo! Quelli di voi che bramano solo la propria felicità dovrebbero pensare almeno per un momento alle loro famiglie! Chi tra voi fuma cinque sigarette al giorno, cerchi di diminuire il numero e fumarne due di meno! Riducendole poco a poco, potete eliminare completamente l'abitudine. Nello stesso modo, chi beve dovrebbe cercare di stare lontano dai posti in cui si beve. Riconquistate la vostra forza sapendo che la felicità non sta realmente nel bere. Coraggioso è chi cerca la gioia dentro di sé. Figli miei, non siate schiavi delle sigarette o dell'alcol: coloro che sono dominati da simili cose non hanno coraggio, sono dei codardi. Le persone realmente coraggiose sono quelle che riescono a controllare la propria mente. Non abbiamo bisogno di dipendere da niente, dobbiamo riuscire a reggerci con le nostre forze. Dobbiamo rendere ogni nostro respiro utile agli altri. Dobbiamo prendere questa risoluzione interiore. Questo è tutto ciò che Amma desidera.

Come affrontare le esperienze

Ci confrontiamo con le esperienze della vita in tre modi diversi:

1. Cerchiamo di fuggire dalla situazione.

2. Cerchiamo di cambiare le circostanze, credendo che quel cambiamento possa risolvere tutti i nostri problemi.

3. Ci lamentiamo delle circostanze e procediamo in qualche modo.

Non possiamo evitare i problemi fuggendo da loro; in effetti, questi problemi possono anche raddoppiare. Amma ricorda una storia. C'era un uomo che aveva sentito dire che suo zio stava per andare a fargli visita. Decise di andarsene da casa perché suo zio, che era un soldato, era solito raccontare ininterrottamente per ore storie di guerra. Non volendo sprecare tutto quel tempo, il nipote si allontanò imboccando un sentiero dietro casa. Ma mentre camminava lungo il viottolo, improvvisamente vide lo zio sullo stesso sentiero, in direzione opposta! Non appena gli occhi caddero sul nipote, lo zio si fermò e iniziò a parlare. La conversazione si protrasse a lungo, proprio lì sul sentiero. Dopo un po' il nipote aveva molto caldo e molta sete e i piedi gli dolevano. Ma in quel luogo non c'era acqua disponibile, nessun albero ombroso era in vista e non vi era nessuna panchina per sedersi. Si rese conto che, se fosse rimasto a casa, sarebbe stato ora comodamente seduto con suo zio all'ombra e avrebbe avuto a disposizione acqua in abbondanza. Da questa storia possiamo vedere che se cerchiamo di fuggire dalle situazioni, le stesse possono causarci il doppio dei problemi.

Il secondo modo consiste nel cercare di cambiare l'ambiente circostante. In una certa casa non c'era alcuna pace. I membri della famiglia pensarono che ci fosse qualcosa di sbagliato nella casa: "Forse dovremmo abbatterla e ricostruirla. O dovremmo acquistare un'altra casa? O forse abbiamo bisogno di comperare una nuova televisione e altri oggetti e decorare la casa. Potremmo installare un condizionatore d'aria". Niente di tutto questo risolverà i problemi. Ci sono persone che non riescono a dormire anche nel lusso di una camera con l'aria condizionata, devono prendere delle pillole per dormire. Il motivo è che i problemi sono nelle loro menti. La spiritualità è l'arte di "condizionare" la mente. I problemi della vita non scompaiono apportando solo qualche cambiamento nel nostro ambiente circostante. Ciò non significa che non dobbiamo modificare le condizioni ambientali esterne, Amma sta dicendo che bisogna cambiare anche la nostra struttura mentale. La spiritualità ci insegna questo.

Mutare l'ambiente esterno non mette fine ai problemi. Una coppia era solita litigare continuamente. Alla fine non poterono più vivere insieme e divorziarono. Dopo qualche tempo, tutti e due si risposarono, ma presto ciascuno di loro scoprì che aveva semplicemente sposato il precedente coniuge in forma diversa! Le persone erano nuove, ma la loro mente non era cambiata per niente. Fino a quando non cambieremo la nostra mente, non ci libereremo dai problemi mutando le condizioni esterne.

Il terzo modo di trattare le situazioni difficili nella vita è lamentarsi delle circostanze e andare avanti. Una persona che ha male allo stomaco si lamenta con tutti, in casa: "Mamma! Papà! Mi fa male lo stomaco! Fratello, sorella, non posso sopportare questo dolore!". Alla fine tutti quelli che si troveranno vicino a quella persona avranno anche loro male allo stomaco. Lamentandoci continuamente dei nostri problemi, finiamo col distruggere anche la pace degli altri.

C'è pure un quarto modo. Si possono superare le situazioni difficili cambiando il nostro stato mentale. Questa è l'unica via per trovare veramente la gioia. È impossibile cambiare completamente l'ambiente esterno perché si adatti ai nostri bisogni, abbiamo quindi bisogno di cambiare lo stato della nostra mente per adeguarci all'ambiente. Questo è possibile solo grazie alla spiritualità.

È qui che i testi spirituali acquistano rilevanza. Cosa mostrò il Signore Krishna ad Arjuna[31]? Krishna non cambiò le condizioni del mondo esterno, trasformò lo stato della mente di Arjuna. Se avesse voluto, avrebbe potuto creare un tornado o un diluvio e distruggere l'iniquo Duryodana e i suoi seguaci. Avrebbe potuto usare qualsiasi metodo per annientarli, avrebbe potuto assicurare qualsiasi cosa ai Pandava. Krishna aveva il potere di fare questo. Invece non cambiò assolutamente le circostanze esterne, cambiò piuttosto l'atteggiamento di Arjuna verso il mondo. Gli insegnò a capire la natura dell'esistenza e come affrontare ogni cosa nella vita. Abbiamo bisogno di sviluppare la mente in modo tale da poter pregare per la pace e l'armonia del mondo intero.

Ricordate un episodio del Ramayana: il Signore Rama entrò in una sala dove Sita stava per scegliere il marito[32]. Non appena la gente di Mithila vide Rama, incominciò a pregare: "Com'è bello e forte, ed è benedetto con tutte le buone qualità! Dio, ti prego, dagli la forza di tendere quell'arco!". Mentre Rama entrava nella sala, tutti i re, che erano là riuniti con la speranza di vincere la mano di Sita, incominciarono mentalmente a maledire Rama:

---

[31] Arjuna era uno dei cinque fratelli Pandava. I consigli del Signore Krishna ad Arjuna, all'inizio della guerra del Mahabharata, sono noti come la Bhagavad Gita. Contengono l'essenza della saggezza spirituale per la nostra vita quotidiana.

[32] Il padre di Sita, il re Janaka di Mithila, dichiarò che avrebbe dato in matrimonio sua figlia solo al re o al principe che fosse stato in grado di tendere il grande arco che in origine era appartenuto al Signore Shiva. Molti pretendenti reali si riunirono, sperando di realizzare l'impresa e vincere la mano di Sita.

"Perché è venuto qui adesso? A causa sua perderò la mia occasione? Sembra che io abbia poche probabilità di sposare Sita. Se solo se ne andasse!". E quando Sita vide Rama, incominciò a pregare: "O Dio, perché hai fatto un arco così pesante? Potresti diminuirne un po' il peso?". La sua preghiera era di cambiare le circostanze.

Ma la preghiera degli abitanti di Mithila era la più giusta poiché essi avevano l'atteggiamento corretto. Non pregavano perché le circostanze mutassero. Pregavano: "Dai a Rama la forza per tendere quell'arco!". In modo simile, in ogni situazione, dobbiamo pregare solo di avere il coraggio di affrontarla. La nostra preghiera, infatti, non deve essere infantile.

Un ragazzo andò in un tempio a pregare: "Dio, fai che la Cina sia la capitale dell'America!". Una persona vicina lo udì e gli chiese: "Perché preghi per questo, ragazzo?". E lui rispose: "Ho scritto nel mio esame che la capitale dell'America è la Cina! Ma ho sbagliato. Così prego Dio di fare diventare giusta la mia risposta!".

Questo è infantile. Non dobbiamo coltivare tale atteggiamento, dobbiamo invece sviluppare un cuore da bambino, l'innocenza di un bambino. La puerilità è la mancanza di discriminazione che ci rende immaturi. Immaginate di prendere lezioni di nuoto. Se il vostro maestro di nuoto stesse sempre vicino a voi, non imparereste mai a nuotare da soli. Noi stessi abbiamo bisogno di trovare la forza per sopravvivere in qualsiasi circostanza ci si trovi nella vita, e l'unico modo per riuscirci è cambiare la nostra condizione mentale. Non sprecate la vostra vita lamentandovi delle circostanze esterne e sentendovi scoraggiati per la vostra incapacità a cambiarle. Ci sono persone che viaggiano in auto da sogno, ma a che serve possedere una tale auto se non si ha pace mentale?

Non è sufficiente modificare le condizioni esterne. Ci sono persone che si suicidano nelle loro camere con aria condizionata. Se invece cambiamo la nostra mente, possiamo affrontare ogni situazione con un sorriso. Piuttosto che fare affidamento sul sostegno degli altri, dobbiamo sviluppare fede in noi stessi: solo allora troveremo conforto e soddisfazione. Quindi il primo passo è cambiare il nostro attuale atteggiamento mentale. Dobbiamo pregare per questo.

Condividere la bontà

Figli miei, non siamo isole separate: ciascuno di noi è un anello nella catena della vita. Ogni nostra azione influenza gli altri, sia che ne siamo consapevoli o meno, e noi, a nostra volta, siamo influenzati dagli altri. Questo è il motivo per cui si dice che dobbiamo essere estremamente coscienti di ogni parola e azione.

Un uomo salì su un autobus e fu sorpreso nel vedere il controllore molto calmo e allegro. Il controllore sorrideva a tutti, si accertava che l'autobus si arrestasse a ogni fermata, aspettando che tutti fossero saliti in modo corretto prima di suonare il campanello per segnalare al bus di ripartire, e vendeva i biglietti con grande efficienza. L'autobus affollato e il comportamento dei passeggeri non influivano per niente sul suo umore. Il passeggero notò questo e domandò al controllore: "Come fa a comportarsi in modo così tranquillo e sorridere su un autobus così affollato? Non ho mai trovato niente di simile in nessun altro pullman. Qual è il suo segreto?". Il controllore sorrise e disse: "Non c'è un gran segreto. Questa è semplicemente la lezione che la vita mi ha insegnato. Ero solito lavorare in un ufficio e per andare al lavoro dovevo viaggiare in autobus. Spesso il bus si arrestava a una certa distanza dalla fermata e dovevo correre, ma quando lo raggiungevo, ripartiva di nuovo e lo perdevo. Oppure, appena toccavo l'autobus, il controllore suonava il campanello per farlo ripartire ed era difficile per me salirvi senza cadere. Il controllore, di solito, non si prendeva il disturbo di darmi il resto e, se lo chiedevo, me lo dava in modo risentito, oppure se non avevo l'esatto importo si arrabbiava. Quando accadevano queste cose, perdevo quasi il controllo mentale, ma mi dicevo che il giorno dopo avrei dovuto prendere lo stesso autobus e in qualche modo riuscivo a controllarmi. Arrivavo quindi in ufficio soffocando tutta quella rabbia: non ero per niente amichevole, non sorridevo a nessuno. Così tutti iniziarono a essere ostili con me e questo m'impediva di mettere la giusta attenzione nel mio lavoro. Mi sentivo così nervoso da fare molti errori e venivo ripreso dal dirigente. Tutto questo rimaneva dentro di me e, quando alla sera tornavo a casa, mi sfogavo con la mia famiglia, mi arrabbiavo con i bambini e litigavo con mia moglie. Non c'era pace nell'aria. Non mostravo più nessun affetto ai miei figli, né aprivo il cuore a mia moglie. Diventai una persona solitaria sia a casa che fra la gente.

Poi, un giorno, quando raggiunsi la fermata, l'autobus si rimise in moto. Quando il controllore mi vide, suonò il campanello e fermò l'automezzo. Aspettò a segnalare al bus di ripartire fino a che non fui completamente salito. Non c'erano posti a sedere liberi, ma il controllore mi diede il suo: provai una gioia inesprimibile. Ero molto stanco e mi addormentai lungo il percorso, ma proprio prima di arrivare alla mia fermata, il controllore mi svegliò, così potei scendere. Non avevo mai incontrato prima quel controllore. Non posso descrivere il conforto che mi diede quella sua gentilezza. Immaginate il sollievo che provate quando siete tormentati dalla sete e qualcuno vi offre un bicchiere di acqua fresca. Il sollievo che provai fu ancora maggiore. Fu con una gioia senza precedenti che lasciai l'autobus e mi incamminai verso l'ufficio e là tutti mi sorrisero, cosa piuttosto insolita. Quel giorno riuscii a lavorare con grande attenzione e il capo mi lodò. Quel giorno fui molto amichevole con i miei subordinati. Questo li rese felici ed essi si aprirono con me e furono cordiali con quelli che visitarono l'ufficio quel giorno. A casa riuscii a essere amorevole e disponibile con mia moglie e con i bambini: c'era un'aria di festa. Ne fui così felice da dimenticare qualsiasi altra cosa. Mi resi conto dei cambiamenti che si erano verificati in tutti quelli che mi stavano attorno per la trasformazione avvenuta in me - il cambiamento di una singola persona.

Da allora incominciai a prestare un'attenzione speciale al mio comportamento. Mi convinsi che ci torna indietro esattamente quello che diamo. Non posso pretendere che gli altri diventino buoni prima che io stesso lo diventi. Ho imparato che potevo migliorare me stesso anche se gli altri non lo facevano e, diventando io stesso buono, anche gli altri avrebbero incominciato a cambiare. Più tardi, quando assunsi questo lavoro sull'autobus, mi ricordai del controllore che mi aveva insegnato questa grande lezione. Feci voto di mostrare rispetto alla gente quando interagivo con loro: mi riproposi fermamente di fare la mia parte nell'infondere amore e senso di fratellanza nel mondo. L'esperienza che avevo avuto quel giorno, quando cambiò ogni cosa, rimane una grande lezione per me". E questa è la storia raccontata dal controllore.

Figli miei, la società è formata da individui. I pensieri e le azioni di ciascun individuo formano la cultura della gente. Invece di pensare: "diventerò buono quando cambieranno gli altri", dobbiamo per primi cercare di trasformarci. Se la nostra visione mentale cambia, riusciremo a vedere il bene ovunque nel mondo. Quando in noi ha luogo un cambiamento, questo si riflette pure sugli altri. Figli miei, ricordatevi sempre che si riceve solo quello che si dà.

Il cuore pompa sangue alle cellule del corpo e le cellule ottengono in questo modo il nutrimento, poi il sangue ritorna al cuore. Se incontra qualche ostacolo, la vita stessa è minacciata. Come il cuore, abbiamo bisogno di imparare non solo a ricevere, ma anche a ricambiare. Solo quando daremo, riceveremo a nostra volta. Nella catena della vita, una mancanza in un anello si rifletterà sugli altri. Dobbiamo capire che ogni nostro sorriso, parola e azione ha il potere di diffondere gioia nella vita di molti altri. Così, dobbiamo essere sicuri che le nostre azioni creino gioia e allegria non solo a noi, ma anche agli altri. Non dobbiamo ritirarci delusi quando vediamo il male nel mondo, né devono gli sbagli degli altri influenzarci a compiere degli errori.

Figli miei, invece di criticare il buio, fate uno sforzo per accendere almeno una piccola lampada. Se ciò non è possibile, cercate di non creare nessuna sofferenza o difficoltà agli altri. Potreste chiedervi come farlo: il modo più semplice è di rendere ogni azione un'offerta all'Essere Supremo. Pensate ad ogni azione come fosse un atto di adorazione: allora essa renderà felice e beneficerà sia noi, sia gli altri.

Amma ricorda cosa le disse un figlio parecchi anni fa. Voleva studiare medicina, ma non venne ammesso alla facoltà di medicina perché le sue votazioni erano inferiori di un solo punto a quelle richieste. In seguito, per un po' di tempo, non fece niente. Poi, su insistenza della famiglia, fece domanda per un lavoro in banca e venne assunto, diventando un impiegato bancario. Più tardi venne da Amma e disse: "Amma, sono sempre molto arrabbiato. Non riesco a sorridere o mostrare un po' di amore verso i clienti, non importa chi essi siano. Così non credo di poter continuare questo lavoro". Lo disse con molta angoscia.

Amma gli chiese: "Figlio, se il tuo più caro amico ti mandasse qualcuno, come ti comporteresti con quella persona?".

"Sarei sorridente e affettuoso".

"Così, allora, ti comporteresti gentilmente. E se Amma stessa ti inviasse qualcuno a trovarti in banca, come reagiresti?".

"Sarei molto garbato poiché Amma stessa mi ha inviato quella persona!".

Allora Amma gli disse: "D'ora in poi prova a immaginare che chiunque venga in banca da te sia stato mandato da Dio! Se puoi fare questo, allora, sicuramente, cambierai!".

In seguito, in quel figlio avvenne davvero un cambiamento. Incominciò a considerare il suo lavoro come un modo per servire

Dio. Era felice e divideva la sua gioia con quelli che venivano da lui. Svolgendo le nostre azioni come un'adorazione di Dio, non ne trarremo beneficio solo noi, ma la società nel suo insieme. Questo è l'atteggiamento che dobbiamo nutrire.

Lo sforzo combinato con la grazia

Figli miei, accadono due cose nella vita: compiamo delle azioni e ne sperimentiamo i frutti. La nostra vita diventerà relativamente pacifica e armoniosa se comprendiamo quale deve essere il nostro atteggiamento quando compiamo delle azioni e godiamo i loro frutti.

Spesso capita che non accade quello che realmente ci aspettiamo, si verifica invece ciò che non attendiamo. Il frutto di un'azione non dipende solo dall'azione stessa, ma anche da molti altri fattori: solo se tutti questi altri fattori confluiscono, otteniamo il risultato che ci aspettiamo. Solo lo svolgimento dell'azione è sotto il nostro controllo; dobbiamo compiere un'azione al meglio delle nostre capacità, senza preoccuparci del risultato, come consigliato dal Signore Krishna nella Bhagavad Gita. Ciò non significa che dobbiamo lavorare senza retribuzione, ma che se agiamo senza aspettare il risultato saremo capaci di operare bene: i frutti delle nostre azioni verranno allora naturalmente da noi.

Anche se sosteniamo molto bene un esame, possiamo non ottenere il risultato atteso se il professore che valuta la prova, o l'impiegato che copia la valutazione, non mette la giusta attenzione nel suo lavoro. Un ragazzo studiò duramente e superò brillantemente un esame, aspettandosi di ottenere il punteggio massimo, ma quando fu annunciato l'esito, risultò che era stato promosso a stento. Tuttavia egli non si lasciò abbattere. Fece in modo che fossero nuovamente valutate le sue risposte. Alla seconda valutazione, la prova ottenne il massimo voto. Quando venne fatta un'indagine sul perché dell'accaduto, si scoprì che chi aveva valutato il suo esame la prima volta stava attraversando un periodo di grave turbamento. Sua moglie era scappata con un altro uomo e questo l'aveva così sconvolto da non essere in grado di dare una giusta valutazione all'esame. Questo è il motivo per cui Amma dice che il successo nei nostri esami non è deciso solo dal nostro sforzo, non importa quanto studiamo e da quanto bene rispondiamo alle domande.

Indipendentemente da quanto guardiamo prima di attraversare una strada, potremmo ugualmente venire feriti se un automobilista non è attento. Ecco perchè si dice che abbiamo bisogno della grazia di Dio, affinché tutti i fattori che controllano il risultato di un'azione siano a nostro favore. Il modo più facile per ottenerlo è svolgere ogni azione come fosse un'adorazione di Dio.

Quando eseguiamo una puja, cerchiamo naturalmente di essere sicuri che tutti gli articoli che usiamo siano della migliore qualità: non utilizzeremo mai dei frutti marci, fiori appassiti, utensili sporchi. Se svolgiamo ogni cosa con questo atteggiamento, a tempo debito saremo capaci solo di compiere azioni positive. Le azioni negative cesseranno, poiché come sarebbe possibile compiere un'azione negativa se la dedichiamo a Dio?

L'atteggiamento più importante per una persona che svolge una puja è l'umiltà. Così, quando compiamo ogni azione come se fosse una puja, con il giusto atteggiamento, non sarà possibile mostrare né arroganza né orgoglio. Se compiremo una certa azione con successo, allora la vedremo come la grazia di Dio e non ci vanteremo che il successo è dovuto alla nostra abilità.

Alla fine della puja riceviamo il *prasad*[33]. Così, con l'atteggiamento che le nostre azioni sono una forma di adorazione, accettiamo i frutti delle nostre azioni come prasad. L'umiltà che abbiamo mentre svolgiamo l'azione deve rimanere anche mentre sperimentiamo il frutto dell'azione. Non cerchiamo i difetti o le mancanze nel prasad.

---

[33] Qualsiasi articolo benedetto, per esempio, cibo o fiori.

Questo non significa che, se abbiamo un insuccesso, dobbiamo sederci pigramente e accettarlo come un prasad di Dio. Se c'è la possibilità di una buona riuscita, dobbiamo tentare un'altra volta, e se falliremo di nuovo potremo accettare questo fallimento come volere divino. Quando consideriamo il nostro buon esito come grazia divina, non ci vanteremo, non ci crogioleremo nel nostro successo e non ci entusiasmeremo esageratamente, tanto da non vedere niente altro. E se ci capitasse di fallire, non ci sentiremo a pezzi, né sprofonderemo. A coloro che percepiscono i loro insuccessi come il volere di Dio, non capita di sentirsi dei buoni a nulla. Quando sbagliamo, dobbiamo pensare che è semplicemente quello che ci meritiamo in quel particolare momento. Dobbiamo pensare che in questo modo un altro prarabdha (frutto di qualche azione passata) è stato evitato. Abbiamo bisogno di considerare l'esperienza come una lezione nella vita e accettare che c'è qualcosa che dobbiamo imparare.

Usando il nostro potere di discriminazione, possiamo volgere ogni azione in nostro favore. E quando ci avviciniamo alle nostre azioni con il giusto atteggiamento, possiamo anche evitare di esserne infastiditi. Quando il nostro sforzo entusiastico è combinato con la grazia divina, la vittoria sarà certamente dalla nostra parte. Qualsiasi cosa accada, non dobbiamo mai rinunciare a sperare. Dio è sempre con quelli che combattono. Anche la vittoria è sempre con loro.

La spiritualità nella vita pratica

Messaggio di Amma per il compleanno del 1999

Amma si inchina ai suoi figli che sono veramente l'incarnazione dell'amore e del Sé Supremo.

In questo periodo si tengono discorsi e conferenze in tutta la nazione: conferenze spirituali, culturali, politiche, discorsi religiosi e contro la religione - tutti hanno qualcosa di cui parlare, tutti si sentono autorizzati a parlare di qualsiasi argomento esistente. Questo sembra essere l'atteggiamento generale.

Amma ricorda la storia di uno studente che disse ai suoi amici: "Abbiamo un professore fantastico. Sa parlare per ore di qualsiasi argomento gli proponiate. Riesce a parlare per più di cinque ore anche di una materia insignificante". Sentendo ciò, uno dei suoi amici replicò: "Affermi che il tuo professore sa parlare per cinque ore solo se gli si dà un tema, ma un mio vicino di casa continuerà a parlare per giorni interi anche senza avergli proposto un argomento!".

Al giorno d'oggi i discorsi sono di questo tipo, ma noi non abbiamo bisogno di chiacchiere, bensì di azioni! È la nostra vita che deve mostrare quello che abbiamo da dire. Le buone parole e le buone azioni sono certamente benefiche, non sono mai vane.

Amma si rammenta di un episodio tratto dal Mahabharata. Era il periodo in cui il grande Dronacharya insegnava ai giovani principi Kaurava e Pandava. La prima lezione era sulla tolleranza. Un giorno, l'insegnante chiamò i suoi discepoli e chiese loro di ripetere tutti gli insegnamenti che avevano imparato sino ad allora. Ognuno di loro li recitò a memoria. Arrivò infine il turno di Yudhishtira, che stranamente seppe ripetere soltanto un verso. "Tutto qui quello che hai studiato?", domandò l'insegnante. Yudhishtira con voce esitante rispose: "Mi perdoni, signore. Sono

*Amma assorta in preghiera in una delle cerimonie
eseguite il giorno del suo compleanno*

più o meno riuscito a imparare la prima lezione, ma non ce l'ho fatta a imparare la seconda". Drona andò su tutte le furie quando sentì questo. Si supponeva che Yudhishtira facesse meglio degli altri e, invece, mentre i suoi compagni avevano memorizzato tutte le lezioni, lui diceva che era riuscito a imparare a malapena un paio di versi! Pieno di rabbia, Drona prese il bastone e picchiò furiosamente Yudhishtira finché il bastone non si ruppe in piccoli pezzi. Ma anche dopo aver ricevuto quelle percosse, il sorriso e l'amabilità sul volto di Yudhishtira non svanirono. Vedendo questo, Drona si calmò e dispiacendosi per quello che aveva fatto, disse con affetto: "Figlio mio, tu sei un principe! Se tu avessi voluto, avresti potuto punirmi gettandomi in prigione, però non l'hai fatto. Non ti sei arrabbiato per niente! In questo mondo, esiste qualcuno paziente come te? Possiedi una tale grandezza d'animo!". Voltandosi, vide la foglia di palma su cui era scritta la lezione di Yudhishtira. Nella prima riga c'era scritto: "Non perdere mai la pazienza". Il secondo verso invece diceva: "Di' sempre la verità".

Quando Dronacharya tornò a guardare Yudhishtira, gli sembrò di vedere i versi della foglia riflessi negli occhi del suo alunno. Gli afferrò le mani e, con le lacrime agli occhi, disse: "Yudhishtira, mentre ti insegnavo, ripetevo semplicemente delle parole. Anche gli altri studenti hanno ripetuto le stesse parole come pappagalli! Soltanto tu hai davvero assimilato completamente gli insegnamenti. Sei davvero grande, figlio mio! Nonostante io insegni da tanto tempo, non sono riuscito a imparare un solo verso, non sono riuscito a controllare la mia collera, non ho avuto pazienza!". Yudhishtira rispose: "Mi perdoni, Maestro, perché ho provato un po' di collera nei suoi confronti". Drona in quel momento si rese conto che il suo allievo aveva imparato a perfezione anche la seconda lezione.

Sono molto rari quelli che non cedono alle lusinghe quando ricevono qualche elogio e, anche se sono un po' arrabbiati, non rivelano la propria collera. Ma guardate Yudhishtira, che non esitò ad ammettere di essersi leggermente arrabbiato, dimostrando di aver imparato anche la seconda lezione. Una lezione è completa soltanto quando la si mette in pratica nella propria vita. Il vero discepolo è colui che si sforza di farlo.

Nella vita c'è bisogno di pazienza poiché essa costituisce le fondamenta stesse dell'esistenza. Se si cerca di aprire un bocciolo con la forza, non se ne potranno conoscere la bellezza né il profumo, sperimentabili solo se si lascia che il fiore si schiuda naturalmente. In modo analogo, se si vuole gioire della bellezza della vita, la pazienza è indispensabile. Essa è il primo requisito per coloro che desiderano rendere felice e piacevole la propria vita.

Si dice talvolta che il fuoco sia la divinità che presiede alla parola. La natura del fuoco è calore, luce e fumo. Proprio come il fuoco dà calore e luce, così ciascuna delle nostre parole dovrebbe infondere energia e conoscenza agli altri e non dovrebbe oscurare la loro mente come il fumo annerisce una stanza. Oggi, se ascoltiamo quello che diciamo, possiamo dire che il fuoco sia davvero la divinità della parola, perché le parole emettono calore e fumo. La saggezza e la luce sono totalmente assenti. Ciascuna nostra parola dovrebbe creare una trasformazione negli ascoltatori e portare loro piena felicità. Dobbiamo essere un modello per gli altri; ogni parola detta deve avere quel potere, la semplicità e l'umiltà dovrebbero brillarvi. Oggi, invece, se vagliamo le nostre parole, non troviamo traccia di umiltà. Esse sono pervase dall'atteggiamento di volere essere migliori degli altri; anche la persona più meschina cerca di mostrarsi grande di fronte agli altri. Non poniamo attenzione al fatto che la grandezza di una persona si basa veramente sulla sua umiltà. Non ci rendiamo conto che se agiamo in quel modo, diventeremo degli sciocchi agli occhi altrui.

Un maggiore dell'esercito venne promosso al grado di colonnello. Il giorno in cui assunse il nuovo incarico, un uomo andò a fargli visita. Non appena l'uomo entrò nell'ufficio, il colonnello sollevò il telefono con aria di superiorità e incominciò a parlare: "Pronto, è il Presidente Clinton? Come sta? Ho preso servizio proprio oggi. Ci sono così tanti fascicoli da esaminare! OK, chiamerò più tardi. Per favore porga i miei omaggi a Hillary". Dopo aver parlato in questo modo per un po', riappese la cornetta. Il visitatore stava in piedi e aspettava molto cortesemente. Con arroganza il colonnello gli disse: "Sì, cosa vuoi?".

L'uomo educatamente rispose: "Mi scusi signore, sono qui per allacciare il telefono. Questo è un nuovo apparecchio arrivato ieri e la linea non è ancora stata collegata".

Chi era lo sciocco? Non ci accorgiamo che agiamo in questo modo, da stupidi, parecchie volte al giorno. Questo è tutto. Chi cerca di mostrare la propria importanza in realtà appare sciocco agli occhi degli altri.

Controllare la rabbia

Un'altra cosa a cui dobbiamo prestare speciale attenzione nella vita è controllare la nostra rabbia. La rabbia è come un coltello affilato da entrambe le parti: ferisce sia la persona verso cui è rivolto, sia chi lo tiene in mano. Come diviene turbolenta la nostra mente quando siamo arrabbiati con qualcuno! La mente viene così disturbata che non si può stare seduti, in piedi, o sdraiati in pace. Il nostro sangue ribolle nelle vene e questo stato predispone all'insorgenza di malanni mai avuti prima di allore. In preda all'ira non ci rendiamo conto dei cambiamenti che avvengono in noi.

Molte persone sorridono a qualcuno solo dopo aver prima calcolato: "Se sorrido, quella persona diventerà un mio amico? Mi chiederà del denaro? Ha attualmente bisogno di soldi?". Sorrideranno solo dopo aver considerato con attenzione queste cose. La situazione è diversa quando si tratta della collera: in un istante ne siamo completamente travolti. In certe situazioni, tuttavia, cerchiamo comunque di trattenerci. Normalmente le persone non esprimono la loro rabbia con i superiori perché sanno che finirebbero per pentirsene. Il nostro capo può prendere in considerazione di trasferirci in un altro posto, o di non darci la promozione che pensavamo di ottenere, o perfino di licenziarci. In questi casi, la maggior parte della gente esercita il massimo autocontrollo. Quelli che non riescono a farlo, finiscono nei guai e gli altri vedono in questo una lezione per loro stessi. Poche persone invece si controllano quando si arrabbiano con i loro subalterni. Queste sono le circostanze dove l'autocontrollo è veramente necessario, perché i nostri subalterni non possono replicare, dipendono da noi. Può darsi che non mostrino nessuna reazione esternamente, ma saranno molto feriti e penseranno: "O Dio, sono costretto a sentire tutte queste ingiurie per errori che non ho commesso! O Dio, non vedi la verità?". Quelle onde di dolore che emanano dal loro cuore si trasformeranno in una sventura per noi che non sarà facile evitare. Alcuni non superano gli esami anche se hanno studiato molto duramente e altri fanno diversi colloqui di lavoro, ma non trovano un posto. L'avere ferito molto intensamente i sentimenti di qualcuno potrebbe esserne il motivo. La preghiera sincera di quell'individuo si è trasformata in un ostacolo, come una maledizione, che blocca il fluire della grazia divina.

Questo non significa che non dobbiamo rimproverare qualcuno quando è necessario. È importante correggere gli errori quando li vediamo; essere esteriormente amabili e miti può non funzionare con tutti e, in questo caso, bisogna agire severamente. Il richiamo non deve però essere diretto all'individuo come tale, ma all'azione sbagliata. Non dobbiamo essere senza ragione rigidi con nessuno. Dobbiamo stare attenti che le nostre parole e azioni non feriscano nessuno.

In alcune famiglie vediamo diversi lutti che si succedono negli anni, in altre si verificano vari incidenti. Per qualche giovane donna nessuna proposta di matrimonio è idonea, indipendentemente da quante ne riceva. In alcune famiglie non nascono bambini, mentre in altre le persone muoiono in giovane età. Ci sono famiglie in cui tutte le donne diventano vedove tra i trenta e i quarant'anni. Il solo motivo plausibile è che queste circostanze sono il frutto di un karma precedente.

Per questo Amma dice ripetutamente che dobbiamo stare molto attenti a ogni nostra azione, parola, sguardo e anche pensiero. Ogni nostro pensiero, parola e azione ha le sue conseguenze. Ogni nostra buona e cattiva azione coinvolge molti altri. Amma ricorda un aneddoto a tale proposito.

Il giullare di corte stava narrando una storia al re e, mentre procedeva nell'esposizione, raccontava parecchie barzellette. Ma il re non le capiva e pensava che il giullare si stesse quasi certamente prendendo gioco di lui. Il re si arrabbiò e colpì duramente il giullare. Il poveretto sentì molto dolore. Digrignò i denti dalla rabbia, ma poiché era stato il re a colpirlo, non osò dire una parola in sua difesa. Tuttavia, per quanto ci provasse, non riuscì a controllare la propria ira perché era stato colpito senza motivo. Così si girò e schiaffeggiò l'uomo che gli stava vicino, che chiese al giullare di corte: "Perché l'hai fatto? Non ti ho fatto niente e allora perché mi dai uno schiaffo?".

"E allora?", disse il giocoliere, "Passalo semplicemente alla persona vicino a te! La vita è come una grande ruota.", egli disse, "Mentre gira, puoi vedere ciascuno di noi ottenere quello che si merita. Non esitare quindi a passarlo a un altro!".

L'amore: fragranza della vita

Questo è ciò che vediamo attualmente intorno a noi: sfoghiamo la nostra rabbia e vendetta su quelli che capitano nelle nostre vicinanze, anche se possono non sapere niente dell'accaduto. Non c'è dubbio che quello che diamo ci tornerà indietro, oggi o domani. In Occidente, se un uomo picchia la moglie, viene spesso colpito a sua volta. Ma non è così in India: i nostri antenati ci hanno insegnato che il marito è una forma visibile di Dio. Ma che cos'è la moglie per il marito? Oggi molti mariti considerano le mogli come occasioni per scaricare la loro collera. La moglie sopporta le percosse e gli insulti verbali e reprime la propria rabbia. In quel momento il figlio ritorna da scuola; si precipita in casa, saltando su e giù, eccitato dalla prospettiva di giocare con gli amici la sera; ma non appena lei lo vede la sua rabbia raddoppia. Lei lo afferra e gli dice: "Non puoi camminare invece di correre? Smettila di saltare in quel modo! Perché hai sporcato così i vestiti?" E lo picchia fino a che la sua rabbia si placa. Povero figlio! Cosa aveva fatto di sbagliato? Nel suo mondo c'erano solo gioia e riso. Ma sua madre l'aveva capito? In una società piena di egoismo ed ego, il piccolo mondo del bambino - un mondo ricco di risate e gioco - resta schiacciato.

La vita dovrebbe fiorire in una completa risata. Questa è religione, questa è spiritualità, questa è vera preghiera! Dio è l'innocente, spontaneo sorriso che sboccia dall'interno. Questo è il più grande premio che possiamo donare al mondo. Tuttavia, nella società odierna, questo riso è diventato estraneo alle persone. Il mondo d'oggi conosce solo il sorriso pieno di egoismo, rancore e finzione. Quello non è un sorriso; è solo una distensione delle labbra, perché il cuore non è presente. Questo è un peccato, una forma di violenza, un tradimento del Sé. Abbiamo bisogno di riguadagnare il mondo dei bambini, un mondo pieno di riso e giocosità. C'è un bimbo che dorme in ciascuno di noi e senza svegliarlo non possiamo evolvere.

Oggi, il nostro corpo, ma non la nostra mente, è cresciuto in lungo e in largo. Dobbiamo diventare come dei fanciulli, per permettere alla nostra mente di crescere e di diventare ampia come l'universo - perché solo un bambino può crescere. Ci occorrono la purezza e l'umiltà di un bambino. L'umiltà è la qualità che ci fa espandere come l'universo. Ecco perché si dice che si può diventare un eroe solo se prima si diventa uno 'zero'.

Molte persone si lamentano che non è possibile progredire cercando di fare del bene nel mondo odierno. Ma ogni momento della vita è un'opportunità per fare del bene. Per coloro che vogliono fare del bene, ciascun istante può essere utile, e chi lo rimanda a dopo sta solo ingannando se stesso.

Quale marito dice alla moglie: "Ti amerò alle dieci esatte di domani mattina o alle cinque del pomeriggio"? Se qualcuno si esprimesse così, quelle parole mostrerebbero chiaramente che non c'è per niente amore. L'amore non è qualcosa che compare o che si aggiunge in seguito. L'amore è qui *ora*. L'amore e la fede sono la bellezza della vita. Ma la natura umana è quella di scagliare pietre contro l'amore e la fede ogni volta che si trovano queste qualità. Questo deve cambiare. L'amore è la rosa che conferisce una fragranza pura alla vita; nessuno dovrebbe lanciargli contro delle pietre.

La gente moderna si focalizza sulla ragione e sull'intelletto e spesso ritiene che l'amore e la fede siano delle idee cieche. Amma dice invece che la ragione è cieca perché, quando non esistono che la ragione e la logica, la vita stessa avvizzisce. La nostra attenzione, così, dovrebbe rivolgersi all'amore, alla fiducia reciproca e alla fede. Immaginate una società costruita solo sull'intelletto e sulla ragione! In essa ci saranno solamente macchine che sembrano funzionali, si muovono da sole e parlano. Per questo motivo Amma dice che l'amore e la fede sono le basi della vita.

Il concime e il fertilizzante vanno messi sulle radici di un cespuglio di rose, non vanno sparsi sui fiori profumati, rovinandone la dolce fragranza! Utilizziamo la ragione e l'intelletto quando è opportuno, non permettiamo loro di rovinare l'amore e la fede che danno bellezza e profumo alla vita!

Il pellegrinaggio a Sabarimala[34] è un esempio di come innumerevoli persone siano elevate dall'amore e dalla fede. Per quarantun giorni, i pellegrini rinunciano a bere e alle cattive compagnie, smettono di parlare da presuntuosi, praticano la castità, usano il loro discernimento e ripetono un solo mantra, *Swamiye Sharanam* (il Signore è il mio solo rifugio!). Almeno in quel periodo, la famiglia e la società sono libere dagli effetti dell'alcol e delle droghe. Ciò nonostante, molti si accaniscono a lanciare frecciate contro questo pellegrinaggio e la sua tradizione. La loro argomentazione è che i pellegrini vengono semplicemente imbrogliati, che la loro fede è sfruttata e così via. Le persone non vedono invece il lato pratico. Dobbiamo esaminare con attenzione le cose e criticarle solo quando è opportuno. E la critica non deve essere cieca, non deve essere tale da uccidere quello che c'è di positivo. Possiamo realizzare il principio del Sé solo per mezzo dell'amore e della fede.

Oggi l'amore è il soggetto di centinaia di film, romanzi e canzoni. È l'argomento favorito dalla maggior parte degli scrittori, ma l'amore non ha origine dal mero leggero o dallo scrivere. È difficile trovare vero amore nel mondo odierno. Anche la relazione tra marito e moglie sta diventando meccanica. La vita stessa è diventata noiosa.

Amma ricorda una storia. Un marito e la moglie dormivano su un lettino in cortile, di fronte alla loro casa. Improvvisamente arrivò una tromba d'aria che li sollevò con il letto e li trasportò via, lasciandoli a terra cento chilometri più lontano. Fortunatamente non rimasero feriti: la moglie incominciò a singhiozzare e il marito le chiese: "Perché piangi, cara? Guarda! Siamo atterrati sani e salvi, non è vero? Senza farci male, non ci siamo fatti nemmeno un graffio. Perché piangi, dunque?".

---

[34] Un centro di pellegrinaggio in Kerala con il famoso tempio del Signore Ayyappan.

La moglie disse: "Non piango di tristezza, ma perché sono tanto felice".

"E perché sei così tanto felice?".

"Non è questa la prima volta che viaggiamo insieme da quando ci siamo sposati? Dopo tutto questo tempo! Non sono riuscita a trattenermi dal piangere quando ci ho pensato", rispose la donna.

Questa è la vita famigliare al giorno d'oggi!

L'amore è l'unione dei cuori, è l'azione dei cuori che si fondono e diventano uno. L'amore è sentire: "Io e la mia vita apparteniamo al mio amato!". L'amore è abbandono totale, ma abbandono totale e amore eterno non possono essere provati verso oggetti che cambiano. È possibile sentire amore e senso di abbandono solo verso l'immutabile Spirito Supremo.

Il vero amore è l'emozione del cuore verso lo Spirito Supremo, è un irrefrenabile ardente desiderio per Dio. Solo grazie all'abbandono a Dio possiamo sperimentare questo amore, questo altruismo e beatitudine completa. Abbiamo bisogno di dedicare interamente la nostra vita a Dio. Questo è l'abbandono completo senza il quale non è possibile la vera felicità.

Le circostanze sono complesse

Le basi del successo non sono da ricercare nelle nostre azioni, perché è solo attraverso la grazia divina che abbiamo successo. Quando cerchiamo di fare qualcosa, sono coinvolti molti fattori oltre all'azione che compiamo. Solo quando tutti questi fattori sono favorevoli possiamo ottenere il risultato desiderato. Per quanto attenti si possa essere quando si attraversa una strada, sappiamo che si può essere travolti da un autista distratto. Supponiamo di stare guidando con molta attenzione e di osservare tutte le norme stradali. Tuttavia, un automobilista ubriaco che sopraggiunge in direzione opposta può scontrarsi con noi.

Oggi si conoscono molte cose, ma non capiamo ancora la vera natura del mondo. Solo comprendendolo proveremo la pace mentale. Siamo circondati da tutto il necessario per aumentare il nostro benessere fisico, ma indipendentemente da quanto si cambino le circostanze materiali, i cambiamenti basilari non stanno avvenendo all'interno.

Amma ricorda un episodio. Un signore indiano fu invitato a visitare l'America. Vennero fatti tutti i preparativi per la sua visita. Quando raggiunse la casa dove doveva risiedere, la sua ospite gli diede il benvenuto e gli chiese: "Cosa vuole bere?". La sua richiesta premurosa piacque all'uomo che rispose: "Andrebbe bene del tè". "Che tipo di tè preferisce? Con teina o senza? O preferirebbe un tè al limone? O forse sarebbe meglio del tè allo zenzero?". La donna nominò molti diversi tipi di tè che il signore non aveva mai sentito. Tutto quello che aveva provato nella sua vita era comune tè nero con normale latte e zucchero. L'uomo era molto confuso e pensò: "Perché mi chiede tutto questo?".

"Vorrei del normale tè", disse.

La signora andò in cucina e ritornò di nuovo. "Mi scusi, ma gradirebbe il suo tè con zucchero, dolcificante o senza zucchero? C'è anche uno zucchero completamente naturale!".

A questo punto il visitatore perse quasi la pazienza. "Voglio solo del tè".

La donna chiese di nuovo: "Con il tè vorrebbe il latte oppure no? E andrebbe bene latte intero, parzialmente o totalmente scremato?".

Ora l'uomo si era proprio alterato: "O mio Dio! Prenderò solo un bicchiere d'acqua!".

La signora prontamente domandò: "Vuole acqua filtrata o naturale? O preferisce acqua gassata?". A questo punto l'uomo aveva completamente perso la pazienza: andò in cucina, si riempì da solo un bicchiere d'acqua dal lavandino e lo bevve. Quello era tutto ciò di cui aveva bisogno. Ma quante domande gli erano state fatte!

Anche se il nostro bisogno è piccolo, ci possono essere varie maniere per soddisfarlo e oggigiorno esse aumentano continuamente. Ci sono, per esempio, così tanti modi per raggiungere un posto, ogni genere di veicolo è disponibile. E possiamo arrivare con la velocità che preferiamo. Ma nonostante tutte queste comodità, quando c'è qualche difficoltà, tribolazione o tristezza, nessuna di queste possibilità può aiutarci, possiamo solo soffrire. Davanti a noi non si presenta nessuna alternativa ed è qui che la spiritualità acquisisce un posto rilevante. C'è un modo per ottenere la libertà dalla sofferenza e dalla tristezza. Perché ci capita questa sofferenza? Qual è la ragione della nostra lotta? Dobbiamo cercare di capire la vera ragione perché, se non l'afferriamo, la sofferenza continuerà.

Il ragazzo di una giovane donna va da lei e le dice: "Come sei bella! Stare vicino a te mi rende felice. Non posso neppure immaginare la vita senza di te!". Lei è felicissima quando sente queste parole. Ma non molto dopo, lui dice: "Non venirmi vicino! Sono allergico a te!". A queste parole la ragazza sprofonda nel dolore. Non si rende conto che questa è la natura del mondo e così soffre.

Qual è la natura del mondo? L'amore è legato a un oggetto. Amiamo la mucca per il suo latte. Quando smette di dare il latte, viene venduta al macellaio. Questo è ciò che capita se dipendiamo dal mondo. Il mondo non sarà con noi nei momenti di sofferenza. Quando si è colpiti dalla sofferenza ci si domanda: "Perché mi è accaduto questo?". Se in ogni crisi riusciremo a trovare la risposta, sapremo anche come procedere. Chi ora sta cercando di attraversare un fiume, saprà attraversare un oceano intero in seguito, se continuerà in questo sforzo. I problemi che sorgono occasionalmente nella vita ci rendono realmente più forti: essi sono le situazioni che Dio ci fornisce per aumentare la nostra forza. Se il nostro piede è ferito da una piccola spina, metteremo più attenzione nel camminare e questo ci potrà salvare dal cadere in una buca profonda. Dobbiamo ricordarcene e cercare di rimanere aggrappati all'Essere Supremo.

Non potete diventare campioni di sollevamento pesi se non sollevate che piccoli pesi. Per diventare un campione, dovete metterci l'impegno richiesto - venticinque chili all'inizio, poi trenta, quaranta, cinquanta e così via, aumentando gradualmente i pesi. In modo simile, solo quelli che persistono nei loro sforzi raggiungeranno la vittoria in ogni settore. Se vi esercitate solo con dei pesi leggeri, scivolerete e cadrete quando cercherete di sollevare dei pesi maggiori. Attualmente non sappiamo come stare in piedi per conto nostro e, se capita che quello a cui ci appoggiamo si sposta un po', cadremo di sicuro. La spiritualità ci allena a rimanere fermamente radicati in noi stessi.

Possa il Volere Divino prevalere

Figli miei, spesso diciamo: "È accaduto solo perché lo avevo pensato, è a causa della mia volontà!". Ma è realmente a causa della nostra volontà che accade qualcosa?

"Vengo subito", grida qualcuno da dentro casa, poi fa solo un passo, ha un infarto e crolla! Se la nostra volontà avesse effettivamente qualche potere, quella persona non sarebbe riuscita ad andare fuori di casa come annunciato? Abbiamo bisogno di capire questo e lasciare ogni cosa al Volere Divino.

A questo riguardo c'è una storia su Radha e le *gopi*[35]. Quando il signore Krishna lasciò Vrindavan e andò a Matura, le gopi divennero estremamente tristi per la separazione. Esse si sedettero sulle rive del fiume Yamuna, condividendo il loro dolore.

"Krishna non ci ha preso con lui. Se torna, non dobbiamo lasciarlo andare via di nuovo", disse una delle gopi. "Quando

---

[35] Le *gopi* erano delle pastorelle e lattaie che vivevano a Vrindavan. Erano le devote più vicine a Krishna ed erano note per la loro suprema devozione al Signore.

il Signore tornerà, gli chiederò di farmi una promessa", disse un'altra.

"Cosa chiederai?".

"Di potere giocare con Lui in eterno - questa sarà la mia richiesta".

Una terza gopi disse: "Posso anch'io chiedere una grazia?".

"E quale sarebbe?".

"Che Lui mangi il burro dalle mie mani[36]! - questo è il dono che chiederò".

Un'altra gopi soggiunse: "Che mi porti con sé. Egli mi porterà con lui a Matura, ecco cosa gli chiederò".

"Voglio che mi sia sempre permesso di servirlo facendogli vento," disse un'altra.

Le gopi notarono che Radha era rimasta in silenzio e una di loro esclamò: "Radha, perché non parli? Quale dono chiederai? Diccelo, Radha!".

Continuarono a insistere finché alla fine Radha rispose: "Se proverò un desiderio per qualcosa, lo offrirò ai piedi del mio Signore. Qualunque sia il Suo volere, quello è anche il mio. La Sua felicità è la mia felicità".

Lasciate così ogni cosa alla volontà di Dio. Non possiamo essere neppure sicuri che faremo il nostro prossimo respiro, non è sotto il nostro controllo. È il volere di Dio che prevale. Quello che noi possiamo fare è di impegnarci e andare avanti, usando le abilità che Dio ci ha dato senza smettere mai di fare uno sforzo. Per procedere, è essenziale che mettiamo il nostro massimo sforzo in ogni cosa che facciamo.

---

[36] Da bambino, Krishna adorava il burro e la cagliata. Era solito rubare in modo innocente il burro alle gopi ed era noto come il piccolo ladro di burro.

Prakrti, Vikrti, Samskrti

Un'altra domanda è come dobbiamo vivere questa vita che ci è stata data da Dio. *Prakrti, vikrti, samskrti* - è un modo di dire comune. C'erano quattro uomini. Ciascuno aveva un pezzo di pane. Il primo uomo mangiò il suo pane non appena lo ebbe. Il secondo dopo aver terminato il suo pezzo, strappò il pane al terzo uomo e lo mangiò. Il quarto uomo diede metà del pane al terzo uomo che aveva perso il suo.

Il comportamento del primo uomo corrisponde a prakrti - la natura individuale: la persona pensa alla propria felicità, non fa del male né aiuta nessuno. La condotta del secondo uomo è vikrti- una distorsione della normale natura: il proprio desiderio egoistico viene soddisfatto fino al punto di danneggiare gli altri. Il comportamento del quarto uomo è samskriti - purezza dei sentimenti: la persona dà agli altri quello che ha e pone il benessere del mondo al di sopra della sua felicità. Anche noi dobbiamo riuscire a condividere questa nostra vita per il bene degli altri. Questo è samskrti, la vera cultura, la purezza dei sentimenti.

Alcuni dicono: "Ho perso ciò che avevo accumulato e ho ancora ciò che ho dato via". Cosa significa questo? Se diamo qualcosa agli altri, certamente ci ritornerà se non oggi, domani. D'altra parte, qualsiasi cosa si accumuli per egoismo sarà perduta in breve tempo. Qualunque cosa accada, non potremo portare niente con noi quando moriremo. Quando doniamo, invece, il nostro cuore si colma, proprio come quello di chi riceve da noi. A questo proposito Amma ricorda una storia.

Un ragazzo era solito passare vicino a un orfanotrofio che stava sulla strada per andare a scuola. Il suo cuore si scioglieva al vedere le facce infelici degli orfani. Si avvicinava la festa di Onam e suo padre gli diede del denaro. Pensò: "Io ho il mio papà e la mia mamma che mi comprano giochi e vestiti nuovi. Ma chi renderà felici questi bambini? Non hanno i genitori, non hanno nessuno che li considera loro figli. Come devono essere tristi!". Improvvisamente ebbe un'idea. Andò dai suoi amici e disse: "Mettiamo in comune i soldi che abbiamo ricevuto per Onam e comperiamo dei giochi e delle maschere. Possiamo venderli in città e in quel modo fare dei soldi; col denaro ricavato possiamo comperare più cose e vendere anche quelle. Con i nostri guadagni possiamo comperare abbastanza giochi e darli ai bambini dell'orfanotrofio".

Ai suoi compagni non piacque invece questa idea: con i loro soldi volevano comperarsi dei giochi, pensando solo alla propria felicità. Alla fine, uno di loro, acconsentì e si unì al ragazzo. Così i due misero insieme il denaro e comperarono giochi e maschere. Indossarono le maschere, andarono a un incrocio affollato della città e fecero uno spettacolo. Le persone si misero a ridere nel vedere le loro buffonate. I ragazzi dicevano a tutti: "Per favore, comperate da noi delle maschere e dei giochi da dare ai vostri figli: li faranno ridere e li renderanno felici, e anche voi lo sarete. Voi ridete quando ci vedete giocare con queste maschere, ma ci sono molti che non possono farlo. Vi prego, aiutateci a farli ridere acquistando qualcosa da noi!".

Le parole e il comportamento dei ragazzi piacquero alla gente che comperò tutto il materiale. Poi i ragazzi si procurarono altri articoli con quel denaro e li vendettero tutti. Con il ricavato comperarono molti giochi e maschere. Il giorno di Onam, i due ragazzini portarono tutti i doni all'orfanotrofio. Quando arrivarono, gli orfani si sentivano molto tristi e non riuscivano nemmeno a sorridere. I ragazzi li chiamarono tutti e misero sui loro volti le maschere, accesero i bastoncini luminosi (*poothiri*) e ne diedero uno a ciascun bambino. I bambini dimenticarono la loro sofferenza: danzavano dalla gioia e correvano intorno ridendo e giocando. Nel frattempo, il ragazzo che aveva organizzato tutto si era dimenticato completamente di accendersi un poothiri e indossare una maschera. Guardava il divertimento, l'allegro gioco e il riso di tutti gli altri, e non si rendeva conto di niente altro. Immerso nella loro felicità, si dimenticò di se stesso e i suoi occhi si riempirono di lacrime di gioia. La felicità che provò fu molto più grande di quella di tutti i suoi amici. Non prese niente per sé, ma ricevette tutto nel dare. Questa è la grandezza della compassione. Riceviamo solo quello che diamo: amore se amore, rabbia se rabbia.

Guardate il mondo, figli miei! Così tanta gente è nella sofferenza. Innumerevoli persone sono così povere che non possono permettersi neppure un pasto. Ci sono quelli che, in preda a terribili dolori, non possono permettersi di comperare nemmeno un antidolorifico. E, mentre accade tutto questo, altri stanno sperperando il loro denaro in tabacco, alcol e vestiti costosi. Se volessero, il dieci per cento delle persone benestanti in questa nazione potrebbe migliorare le condizioni dei poveri. Se si impegnassero a farlo, non ci sarebbe più miseria in questa regione. In verità, i veri poveri sono quelli che si sono arricchiti ammassando per sé la parte che appartiene agli altri. Non se ne rendono proprio conto.

Lo scopo della vita è guardarsi dentro e conoscere il Sé. Solo quelli che conoscono il Sé sono veramente ricchi. Sono gli unici che hanno la vera ricchezza, sono liberi da ogni preoccupazione. Le persone che si avvicinano loro possono anche prendere parte a quella ricchezza e gioirne.

Il novanta per cento di tutti i problemi fisici e mentali origina da sofferenze del passato. Al momento portiamo quelle ferite per tutta la vita. Il solo modo di guarire quelle ferite è di amarci reciprocamente aprendo il nostro cuore. Proprio come il corpo ha bisogno di cibo per crescere, l'anima ha bisogno dell'amore. Da quell'amore traiamo la forza e la vitalità che nemmeno il latte materno ci può dare. Possiamo noi tutti cercare di diventare un solo essere nell'amore reciproco! Che questo sia il nostro voto.

Parte seconda

Rifugiati in Me solo

Abbandona tutti i dharma,
rifugiati in Me solo.
Ti libererò da ogni peccato.
Non ti crucciare!

— *Bhagavad Gita (18,66)*

Figli miei,
la realizzazione del Sé è la capacità
di vedere noi stessi in tutti gli esseri viventi.

— *Sri Mata Amritanandamayi*

Abbandonare ogni cosa a Dio.

Figli miei, la nostra mente è rimasta intrappolata nei beni materiali, è piena di egoismo. Per questo motivo in noi non c'è posto per Dio. Per liberarci da questa condizione e purificare la mente, si va in un ashram e ci si rifugia in un maestro spirituale. Oggi, però, anche in tali luoghi, la gente prega per i beni materiali mentre pronuncia le parole: "Ho un grande amore per Dio". È necessario, tuttavia, abbandonare le cose che tengono schiava la mente. Solo allora ci sarà chiaro l'abbandono e l'amore verso Dio.

Una ragazza scrisse a un'amica una lettera per il suo compleanno: "Ero così felice mentre pensavo al tuo compleanno. Ho passato molto tempo cercando un bel regalo per te e alla fine l'ho trovato in un negozio, ma poiché costava dieci rupie, non l'ho acquistato. Forse te lo comprerò in un'altra occasione". La ragazza voleva molto bene all'amica - aveva detto che avrebbe addirittura dato la sua vita per lei - ma non era pronta a spendere per lei dieci rupie. Il nostro amore e la nostra devozione verso Dio sono di questo tipo. Diciamo solo a parole: "Ho abbandonato ogni cosa a Dio".

Per ottenere qualcosa, promettiamo alla divinità del tempio una noce di cocco, ma una volta ottenuto quello che vogliamo cerchiamo il frutto più economico, il più piccolo, da offrire a Dio. Figli miei, il vero amore e la vera devozione non sono per niente così: dobbiamo essere pronti a offrire anche la nostra vita. Se diamo qualcosa a Dio, saremo noi a trarne beneficio. Pensare diversamente è come riempire un secchio di acqua di fogna e offrirla al fiume dicendo: "Caro fiume, devi essere assetato, bevi questa acqua!". Dio non vuole niente da noi. È Lui che ci dà ogni cosa. Dio è colui che ci rende puri e, collegandoci a Lui, veniamo purificati.

Figli miei, solo una mente che ha il senso del dharma riesce ad avvicinarsi a Dio. Com'erano le persone di una volta? Esse erano pronte a sacrificare anche la loro vita per amore di un uccellino. È questo senso del dharma che ci porta più vicini a Dio, l'Essere Supremo. È la nostra espansione mentale che ci rende pronti ad assomigliare a Dio e che fa riflettere in noi le Sue qualità. Una mente simile coltiva le qualità divine che sono già in noi. Le nostre buone azioni e le qualità positive sono come un fertilizzante che nutre il seme, così che possa crescere e diventare un albero. La grazia divina non raggiungerà una mente egoista. Per essere meritevoli della grazia divina, dobbiamo rinunciare al nostro egoismo e il modo per ottenerla è seguire il sentiero del dharma. Proprio come quando piantiamo un seme ne ricaviamo dieci, quando doniamo a Dio riceviamo moltiplicato per mille. Quando ci abbandoniamo a Dio ci viene corrisposto mille volte tanto. Dio è l'Energia che ci protegge e non qualcuno che dobbiamo proteggere. Bisogna che questo sia ben chiaro nella nostra mente!

Se non siamo in grado di abbandonare il corpo e la mente a Dio, potremo mai abbandonare i nostri desideri? Per prima cosa, però, dobbiamo abbandonare l'egoismo che ci ostacola in questo.

Bisogna continuare a reggere la valigia dopo che si sale su un treno? Posatela, e il treno la condurrà fino a destinazione! Lasciate andare il fardello, non siete più obbligati a trasportarlo.

Quando abbiamo fede in Dio, l'atteggiamento di abbandono cresce in noi e ciò che proviamo è pace e armonia. Fintanto che una persona è egoista, dovrà portare il carico, Dio non ne è responsabile. Non è sufficiente aver fede nel dottore, bisogna prendere le medicine e seguire le restrizioni alimentari che il medico suggerisce. Non basta la sola fede in Dio, si deve vivere secondo i Suoi principi. In tal modo si guarisce dalla malattia del samsara (ciclo senza fine di nascita, morte e rinascita) e si raggiunge la meta.

Figli miei, posate tutti i vostri fardelli ai piedi di Dio e vivete in pace e armonia!

La devozione è azione positiva

Non sono coloro che lodano solamente Dio, ma quelli che vivono secondo i Suoi principi che diventano idonei a ricevere la Sua grazia. Essi sono gli unici che ricevono i frutti nella vita.

Un uomo ricco aveva due assistenti. Uno dei due era solito seguirlo, dicendo: "Padrone! Padrone!". Lodava continuamente il suo superiore, ma non svolgeva alcun lavoro. L'altro assistente non andava quasi mai vicino al suo padrone: era totalmente focalizzato nel portare a termine il compito che gli era stato assegnato, e lavorava per lui rinunciando al cibo e al sonno. Quale dei due assistenti era preferito dal padrone?

La grazia di Rama fluisce di più verso quelli che vivono secondo le sue parole che verso quelli che continuano a gridare: "O Rama! Rama!". Dio è più contento delle persone che fanno tapas e svolgono servizio disinteressato. Questo non vuol dire che non dobbiamo invocare Dio, ma l'invocazione darà frutti solo se accompagnata da buone azioni. Le azioni cattive cancellano i risultati positivi che si sono conseguiti ripetendo i nomi divini e distruggono i nostri buoni samskara.

Le persone vanno nei templi e circoambulano tre volte la divinità; uscendo, insultano il povero mendicante che è sulla porta, urlandogli di andare via. Figli miei, questa non è affatto devozione. È nostro dovere verso Dio l'essere compassionevoli con i poveri. Figli miei, state facendo delle cose buone, ma anche cose cattive. Per questo motivo perdete i frutti che avete conquistato con le azioni positive. Tenete un mucchio di zucchero da un lato e una grande colonia di formiche dall'altro... - di cos'altro avete bisogno per far sparire lo zucchero? È sufficiente ripetere il mantra alcune volte, se accompagniamo tale pratica con delle buone azioni; ciò equivale a ripetere il mantra per l'intera giornata.

La nostra vita deve essere benedetta da azioni e da pensieri buoni. Non è molto difficile farlo: cercate di vedere solo il bene in ogni cosa, non provate invidia verso nessuno, vivete senza lussi inutili. Se siete abituate a comperare dieci sari all'anno, iniziate a diminuire il numero prima a sette e poi a cinque. Riducete così il numero di acquisti superflui e comperate solo ciò che è essenziale. Spendete il denaro risparmiato per una buona causa. Ci sono bambini che non vanno a scuola perché non possono sostenere il costo della retta: possiamo aiutarli a pagarla, dando in questo modo un contributo alla società. I mantra ripetuti da persone che fanno tali donazioni sono la cosa più preziosa per Dio, perché le buone opere sono il sentiero che ci porta a Lui.

Potete chiedere: "Ajamila[1] non ha forse ottenuto la liberazione recitando il nome divino solo una volta?". Ebbene, a dire il vero, non è stata quella singola ripetizione a portarlo a Dio, ma il frutto delle buone azioni che aveva compiuto in un tempo passato.

C'era un mercante che aveva passato l'intera vita ferendo i sentimenti degli altri. Non aveva compiuto una sola buona azione. Avendo letto la storia di Ajamila, diede a tutti i suoi figli nomi divini, perché così avrebbe potuto chiamare i loro nomi sul letto di morte e ottenere la liberazione[2]. Quando si avvicinò il momento della sua morte, i figli si riunirono attorno a lui. Egli aprì gli occhi e li guardò. Vide che erano tutti presenti. Si preoccupò che tutti fossero lì e che nessuno si stesse prendendo cura del negozio. "Chi

---

[1] La storia di Ajamila è raccontata nello Srimad Bhagavatam. Egli era un bramino che era caduto in cattiva compagnia, aveva sposato una prostituta e condotto una vita di corruzione e crudeltà. Era profondamente legato al più giovane dei suoi dieci figli, che si chiamava Narayana, che è il nome del Signore Vishnu. Quando Ajamila si trovò in fin di vita e invocò il nome di suo figlio, apparvero immediatamente gli attendenti del Signore Visnhu che scacciarono i messaggeri del Signore della morte, venuti a portare via l'anima di Ajamila.

[2] Nell'Induismo e in altre religioni orientali si ritiene che l'ultimo pensiero che sorge nella mente della persona morente influenzerà la natura della vita successiva.

è nell'emporio?", sbottò, e quello fu il suo ultimo respiro. Questo sarà il destino di chiunque passa la vita senza ricordarsi di Dio e che tuttavia spera di ottenere la liberazione chiamando Dio solo all'ultimissimo momento. I pensieri che sorgono nella mente di una persona al termine della vita corrispondono alle azioni che sono state compiute durante la sua esistenza. Le sue azioni influenzeranno i suoi pensieri finali. Colmando la propria vita di buone azioni, alla fine i buoni pensieri sorgeranno nella mente.

Agendo in modo altruistico mentre si ripetono i nomi divini, coloro che vivono una vita di famiglia raggiungono lo stesso risultato ottenuto dai saggi attraverso le tapas. Con la meditazione, la persona che intraprende austerità porta la mente, che normalmente vaga in diverse direzioni, in un solo punto. I saggi, che vivono secondo i principi spirituali, dedicano la forza ottenuta con le loro austerità al mondo. Servire il mondo è il sentiero che i maestri indicano a coloro che hanno famiglia e non possono trascorrere l'intero giorno a meditare e a recitare i mantra. Essi otterranno la liberazione per la grazia del maestro, il cui cuore si scioglie alla vista del loro servizio disinteressato. Un *Satguru* (maestro realizzato) è come una tartaruga. Proprio come la testuggine schiude le proprie uova con il potere dei suoi pensieri, le persone che vivono una vita di famiglia possono guadagnare la liberazione grazie al pensiero del Satguru. Ciò che si ottiene attraverso il servizio altruistico non è in nessun modo inferiore a quello che si raggiunge attraverso le tapas. Questo non significa che non occorra invocare Dio, bensì che le nostre preghiere vanno accompagnate da buone azioni. Dio non ascolterà la vuota ripetizione dei Suoi nomi: essa deve essere accompagnata dalle nostre buone azioni, senza le quali non riceveremo la Sua compassione.

Il Signore Krishna incoraggiò Arjuna a combattere. Non disse: "Distruggerò tutta questa gente e ti salverò! Tu siediti solo qui!". Disse invece: "Tu devi combattere, Arjuna! Io sarò con te". Questo mostra la necessità dello sforzo umano.

La necessità di un maestro spirituale

Figli miei, il beneficio di fare tapas deve essere capito considerando le situazioni che affrontiamo. Quando fronteggiamo situazioni difficili, dobbiamo procedere senza che la nostra mente si indebolisca o vacilli: questa è la vera grandezza. Sperimentare pace mentre si è seduti in meditazione e sentirsi agitati quando si esce da questo stato non è di beneficio per il ricercatore spirituale. Tutti possono cantare senza accompagnamento. Ma l'abilità del cantante di modulare la voce in armonia con il tema musicale diviene evidente solo quando egli canta accompagnato da un armonium, tenendo il tempo. In modo simile, per un ricercatore spirituale la vera osservanza dei principi spirituali significa mantenere il ritmo e l'armonia della mente, qualsiasi possano essere le circostanze. Questa è vera tapas. Se insorge la rabbia, non ci si deve lasciare sopraffare. Cedere alla collera ed essere schiavi delle situazioni non è di alcun vantaggio per l'aspirante spirituale.

In un villaggio sulle colline ai piedi delle montagne dell'Himalaya c'era un fabbro. Egli era solito piegare sbarre di metallo battendole su una pietra vicino alla sua bottega. Un giorno, mentre si avvicinava alla pietra, si imbatté in un cobra. Anche il giorno seguente il cobra giaceva nello stesso punto, incapace di muoversi per il freddo. Il fabbro lo punzecchiò, ma il cobra non si spostò. Mosso a pietà, lo trasportò nell'officina, gli diede del latte e della frutta e riprese poi a lavorare: scaldò nel fuoco una sbarra di ferro e la batté in una forma. Quando la portò fuori, essa toccò il serpente. Il cobra allargò il suo cappuccio, pronto a colpirlo. L'uomo aveva pensato che il serpente fosse molto docile, che non avrebbe fatto male a nessuno, e invece, una volta esposto al caldo della bottega del fabbro, l'animale non provò più freddo e la sua natura cambiò. In ugual modo, quando facciamo tapas, la mente è "congelata", ma, se non stiamo attenti, le tendenze innate riemergono nel momento in cui l'ambiente diviene favorevole. L'aspirante spirituale deve pertanto rafforzare la mente, così da potere affrontare e superare ogni situazione senza esitare. Il compito del maestro spirituale è quello di elevare il discepolo a un simile livello. La nostra mente deve considerare tutto come Dio, come il Sé, in ogni situazione. Solo allora potremo dire che siamo forti.

Dobbiamo allenare la nostra mente a vedere solo il bene, il principio divino in ogni cosa, e a godere della beatitudine del Sé, come l'ape che cerca il nettare nei fiori e gusta solo quello. Se in qualche parte del discepolo sono nascosti la rabbia o l'ego, è compito del maestro svelarli e sradicarli. La maturità che il discepolo ottiene quando è alla presenza del maestro anche solo per un breve lasso di tempo, non sarebbe mai raggiungibile in un lungo periodo di sola pratica spirituale. Quando viene dato un qualsiasi lavoro al discepolo, sia esso facile o difficile, lo scopo del maestro è di eliminare l'ego e di renderlo adatto alla realizzazione del Sé. Quello di cui il discepolo ha bisogno è di un attestato dal maestro, ed è dovere del discepolo obbedire a ogni singola parola che viene da lui. Come il martello nelle mani del fabbro, il discepolo deve diventare un attrezzo nelle mani di colui che lo guida e deve accettare ogni suo ordine: il maestro ha autorità assoluta e dominio su di lui. Solo quando il discepolo acconsentirà a diventare uno strumento, ci sarà progresso.

Un giovane studente veniva sempre bocciato ad ogni corso quattro o cinque volte, prima di riuscire a superarlo. Alla fine riuscì in qualche modo a raggiungere la classe più alta, il decimo grado nella scuola. Il ragazzo era convinto che non sarebbe stato promosso neanche se avesse tentato dieci volte l'esame. Ma il suo insegnante decise invece che l'avrebbe aiutato a superare quell'anno: giorno e notte, senza riposo, gli insegnò tutte le lezioni, prestando particolare cura affinché l'attenzione del ragazzo non si allontanasse dagli studi. Giunse infine il momento degli esami. Il ragazzo si sottopose alla prova e la superò al primo tentativo. Il Satguru è come l'insegnante che porta al successo uno studente che chiunque altro avrebbe scartato come incapace di arrivare all'obiettivo. Anche se tentiamo per migliaia di vite, è molto difficile raggiungere il mondo del Sé. Tuttavia, con l'aiuto del maestro, il discepolo può ottenere l'illuminazione in una sola vita.

Avere il permesso di vivere con il maestro non significa essere accettati come discepoli. Il maestro accetta una persona come discepolo solo dopo averlo osservato e testato profondamente. Un vero discepolo ha completa fiducia in ogni parola del maestro, risponde a quelle parole con attenta consapevolezza e nutre anche un atteggiamento di abbandono verso il maestro.

Solo attraverso la rinuncia si può raggiungere l'immortalità

Figli miei, avete spesso sentito il mantra *"Tyagenaike amritatvamanashuh"* (Solo attraverso la rinuncia si può raggiungere l'immortalità). Questo non è un mantra da ripetere o ascoltare solamente: è il principio da seguire nella vita. Deve essere vissuto più che solo recitato!

Se il nostro bambino piccolo si ammalasse, lo porteremmo all'ospedale; se non trovassimo un mezzo, andremmo a piedi, anche se l'ospedale è lontano. Saremmo pronti a inginocchiarci ai piedi di chiunque perché il nostro bambino venga curato. Se non fosse disponibile una camera privata, i genitori, per quanto altezzosi possano essere, sarebbero pronti a passare la notte in una corsia generica e persino a dormire sul lurido pavimento. Si assenterebbero pure dal lavoro a lungo per vegliare sul figlio. Ma tutto questo è fatto per il loro bambino e per la loro pace mentale. Non può essere considerato quindi una vera rinuncia o sacrificio.

Siamo pronti a salire e scendere più volte le scalinate del tribunale per un fazzoletto di terra, ma lo facciamo per amore della nostra proprietà. Rinunciamo al sonno e compiamo degli straordinari serali, ma solo per guadagnare più soldi per noi stessi. Nessuno di questi esempi può essere chiamato rinuncia.

La rinuncia è non badare al proprio benessere e felicità per aiutare gli altri. Spendere il denaro guadagnato duramente per aiutare degli esseri umani sofferenti, ecco la vera rinuncia. Quando il figlio del nostro vicino è all'ospedale e nessun altro può andare e noi ci offriamo volontari per passare la notte a vegliarlo[3], senza aspettarci niente in cambio, neppure un sorriso da qualcuno, compiamo un atto di vera rinuncia.

Attraverso simili comportamenti, bussiamo alla porta del mondo del Sé e le nostre azioni disinteressate ci aprono quella porta. Solo modi di agire di questo tipo si qualificano come *karma yoga* (il sentiero dell'azione altruistica). Le azioni altruistiche portano l'anima individuale al mondo del Sé, mentre le altre lo conducono alla morte. Nessuna azione compiuta con l'atteggiamento di "io" e "mio" ci sarà mai di aiuto.

Visitiamo un amico che non avevamo più visto da molto tempo e, affettuosamente, gli diamo un mazzo di fiori. Siamo noi, però, i primi a godere della bellezza e del profumo del bouquet e proviamo il piacere del donare. In modo simile, quando agiamo in modo disinteressato, sperimentiamo soddisfazione e gioia.

C'è un'aura intorno ai nostri corpi e, proprio come la nostra voce viene registrata su un nastro, tutti i nostri atti lasciano le loro impronte sull'aura. Quando le azioni di un individuo sono altruistiche, l'aura diviene di colore dorato. Tutti gli ostacoli

---

[3] Diversamente dagli ospedali occidentali, in quelli indiani, le infermiere provvedono solo alle cure mediche. Un degente deve avere quindi un parente o un amico che sta con lui, per comperare le medicine e aiutarlo nei suoi bisogni personali.

scompaiono dal sentiero di tali persone, indipendentemente da ciò che essi decidono di fare: ogni cosa è loro favorevole e, quando muoiono, si dissolvono nella beatitudine dell'Essere Supremo, la Realtà Assoluta, proprio come il gas in una bottiglia di soda si spande nell'atmosfera quando la bottiglia si rompe. Per contro, l'aura di quelli che compiono azioni negative diviene scura ed essi non si libereranno mai da problemi e difficoltà. Quando muoiono, la loro aura resta sul piano terreno, divenendo cibo per parassiti e insetti. E dovranno così nascere di nuovo.

Figli miei, colui che è impegnato a compiere azioni altruistiche otterrà l'immortalità anche se non trova il tempo per recitare un mantra. Come il nettare, una persona simile è di beneficio agli altri. Una vita altruistica è il più grande discorso spirituale che chiunque può fare. Gli altri possono vederlo ed emularlo.

Carità

Figli miei, se non avete consapevolezza e discriminazione quando fate la carità, dovrete soffrire a causa delle azioni di quelli che ricevono i vostri doni. Se un uomo sano vi chiede l'elemosina, non dategli del denaro. Gli potete comunque offrire del cibo. Ditegli di lavorare per vivere. Dando del denaro alle persone sane, le rendete pigre: esse possono usare i soldi per comprare alcool e droghe, possono fare molte cose negative. Dando loro dei soldi, diamo loro anche l'opportunità di attuare queste cose e, in seguito, anche noi ne dovremo sopportare i frutti. Se tali persone vi chiedono del denaro, offrite di pagarle per lavorare. Potete offrire loro qualche lavoro nel vostro cortile o qualsiasi altro genere di attività. Pagatele solo dopo che il compito è stato portato a termine, scoprite se la persona lo vuole fare. Coloro che non vogliono svolgere alcuna attività sono distruttive. Aiutare simili individui equivale a creare della gente pigra, arrecando così del male anche al mondo. Se diamo da mangiare a qualcuno gratuitamente, egli se ne starà seduto senza fare nulla, si ammalerà per la mancanza di esercizio e diventerà un peso per sé e per il mondo. La più grande riunione di persone pigre si può vedere davanti alle organizzazioni caritatevoli dove viene distribuito cibo gratuitamente.

Per contro, possiamo soccorrere i poveri che non possono lavorare perché infermi. Possiamo aiutare gli orfani che non possono permettersi un'educazione, pagando la loro retta scolastica e altre spese. Possiamo aiutare le vedove che lottano perché non hanno i mezzi per sopravvivere, possiamo aiutare quelli che hanno perso gli arti e non sono neppure in grado di andare a elemosinare il cibo. Possiamo comprare le medicine per gli indigenti che sono ammalati e non possono permettersi di comperarle. Possiamo donare del denaro agli ashram e ad altre istituzioni caritatevoli, ma prima dobbiamo accertarci che i soldi vengano davvero impiegati per aiutare i poveri e i sofferenti. Gli ashram e le istituzioni di questo tipo possono fornire servizi a vantaggio della società in generale; aiutando loro, quindi, si aiuta la società nel suo insieme. Abbiamo dunque bisogno di esercitare grande attenzione e discriminazione quando facciamo beneficenza. La nostra gentilezza e l'aiuto che diamo non deve mai portare chi lo riceve a compiere azioni sbagliate. Indipendentemente da chi stiamo aiutando, non dobbiamo mai aspettarci da lui nessuna gentilezza. Forse potremmo ricevere in cambio degli insulti. Aspettarsi che qualcuno sarà in seguito gentile con noi, ci causerà solo dolore. La nostra mente deve essere come un bastoncino di incenso che brucia dando profumo a tutti, anche a chi lo brucia. Questo ci porterà ai piedi dell'Essere Supremo. Dobbiamo essere di aiuto anche a quelli che ci fanno del male. La nostra mente deve avere l'atteggiamento di restituire fiori a quelli che ci hanno gettato contro spine. Sviluppando la mente in questo modo possiamo vivere in pace e armonia.

Ridere di tutto cuore

Figli miei, c'è qualcuno tra noi a cui non piace ridere? Natural-mente no. Se c'è qualcuno che non ride è a causa del dolore e della tristezza che gli riempiono il cuore. Una volta che la sofferenza scompare, automaticamente egli riderà. Ma oggi, quanti di noi sono capaci di ridere di tutto cuore? Scoppiamo a ridere quando raccontiamo barzellette o vediamo i nostri amici, ma allo stesso tempo c'è dolore in noi. Un vero sorriso ha origine dal cuore. Solo un sorriso genuino illumina il nostro volto e il cuore di quelli intorno a noi.

La risata di molte persone è diventata niente più di una estensione e contrazione di certi muscoli facciali e non vi è purezza di cuore in questo modo di ridere. Ridere degli errori commessi dagli altri non è vera risata. Dobbiamo essere in grado di scoppiare a ridere dei nostri stessi errori. Dobbiamo poter ridere profondamente, dimenticando ogni cosa, ricordando solo la Verità Suprema. Quella è vera risata, la risata della beatitudine. Ma siamo in grado di farlo?

Oggi ridiamo per lo più quando rievochiamo i difetti altrui o diciamo cose negative sugli altri. Figli miei, parlare male degli altri è sparlare di noi stessi.

Amma ricorda un aneddoto. Un maestro aveva due discepoli: entrambi erano ugualmente egoisti e si criticavano sempre reci-procamente. Il loro comportamento non cambiava, non importa quanto il maestro li consigliasse. Alla fine il maestro trovò una soluzione. Una notte, quando entrambi i discepoli erano profon-damente addormentati, dipinse le loro facce con colori brillanti per farli sembrare dei pagliacci. Quando uno dei due si svegliò al mattino e vide la faccia dell'altro, incominciò a ridere fragorosa-mente. "Ha, ha, ha!", sghignazzò. Sentendolo, anche il secondo si alzò e, non appena vide la faccia dell'altro, scoppiò anche lui a ridere e ambedue ridevano a crepapelle. Mentre accadeva ciò, qualcuno portò uno specchio, lo mise di fronte a un discepolo e disse: "Guarda!". Il discepolo afferrò lo specchio e lo tenne di fronte al viso dell'altro discepolo dicendo: "Guarda questo!". La risata si esaurì rapidamente in entrambi. Figli miei, noi stessi siamo uguali: parliamo male degli altri senza renderci conto che anche essi si prendono gioco dei nostri errori.

È facile, figli miei, trovare colpe negli altri e ridere di loro, ma non dobbiamo farlo. Dovremmo invece scoprire le nostre colpe ed errori e riderne! Questo ci eleverà.

Ora, per quanto riguarda la felicità, ci sono due modi per ottenerla: gioiamo quando ci capita qualcosa di buono, o quando vediamo le sfortune altrui. Anche il dolore si presenta in due forme: c'è il nostro dolore personale, ma anche la felicità degli altri ci addolora.

Un uomo d'affari mandò una nave carica di merci all'estero. Ma la nave affondò. Il dispiacere che l'uomo d'affari provò fu così grande da costringerlo a letto. Non mangiava, né dormiva, né parlava più, rimuginava continuamente sulla sua perdita. Venne curato da molti medici e psichiatri, ma il suo dolore e la malattia non diminuirono. Continuava solo a giacere nel letto. Poi, un giorno, arrivò suo figlio correndo e gli disse: "Papà, hai sentito la novità? L'edificio della società di quell'uomo che ti sfidava sempre ha preso fuoco! Non è restato niente: ha perso ogni cosa!". Al sentire questo, l'uomo che era rimasto a letto in silenzio per tanto tempo, improvvisamente saltò su e scoppiò a ridere. Disse: "Grandioso! Ho sempre pensato che qualcosa di simile gli sarebbe accaduto a causa del suo ego! Figlio, portami qualcosa da mangiare, presto!". Ecco qualcuno che non era riuscito a mangiare e dormire fino a quel momento, ma che fu tuttavia felicissimo non appena sentì che qualcun altro aveva perso ogni cosa.

Figli miei, questa è la natura della nostra felicità. Attualmente la nostra risata dipende dal dolore degli altri. Questo non è vero ridere. Dobbiamo soffrire con gli altri quando soffrono e gioire con loro quando sono felici. Dobbiamo considerare tutti come parte del nostro stesso Sé. Solo quando attraverso l'amore e l'altruismo il nostro cuore diverrà puro, incominceremo a gioire di quella beatitudine che è la nostra vera natura. Solo allora potremo ridere pienamente. Fino ad allora, la nostra risata è solo finzione, perché non proviamo nessuna gioia autentica.

Amare senza attaccamento e servire senza aspettative

Miei cari figli, molti di voi possono chiedersi perché un ashram diriga un ospedale. Il Signore non si incarnò forse in Dhanvantari (il Signore della medicina)? Non ci mostrò che le medicine e le cure mediche sono essenziali? Le Scritture dicono che dobbiamo mantenere il corpo. Se esaminiamo la vita delle grandi anime del passato, possiamo vedere come questo sia vero. Sri Ramakrishna, Swami Vivekananda, Ramana Maharshi, tutti loro si sottoposero a cure quando si ammalarono, non si sedettero tranquillamente senza alcuna terapia, dicendo: "Io sono Brahman (la Realtà Assoluta) e non il corpo". Poiché è naturale per il corpo ammalarsi, è essenziale sottoporsi ai trattamenti per conservarlo. Solo se c'è combustibile può esserci il fuoco. In modo simile, se dobbiamo conoscere il Sé, è necessario sostenere il nostro strumento. La spiritualità non è incompatibile con gli ospedali o le cure mediche, al contrario, essi aiutano a mantenere il corpo, che è lo strumento che usiamo per conoscere il Sé.

Dopo aver incontrato Amma, molte persone, provenienti dall'India e dall'estero, sono venute a stare nell'ashram. Molte di loro sono medici e vogliono restare con lei. Così Amma ha pensato di dare loro l'opportunità di fare *seva* (servizio altruistico) facendoli svolgere un lavoro che conoscono bene - infatti quanti possono meditare per ventiquattro ore al giorno? Cosa faranno allora durante il resto del tempo, quando non meditano? Stando solo seduti senza fare niente, avranno mille diversi pensieri e anche se questo è azione, non è però di alcuna utilità per nessuno. Compiendo invece qualcosa di pratico, il mondo ne avrà beneficio.

Qualcuno può affermare di volere solo la liberazione e niente altro, neppure quelle cure mediche che magari sono necessarie, e di essere pronto a morire di malattia se deve essere così. Ma anche loro hanno bisogno della grazia di Dio per ottenere la liberazione e per ricevere quella grazia devono avere purezza interiore. Per sviluppare questa purezza, sono necessarie azioni altruistiche. È attraverso il servizio disinteressato che si diventa meritevoli di ricevere la grazia di Dio. E per compiere tali atti altruistici è necessario sostenere il corpo curando ogni malattia.

Jnana (conoscenza suprema) e *bhakti* (devozione) sono come due facce di una moneta e karma (azione) è l'incisione, ed è proprio quest'ultima che determina il valore della moneta.

Bhakti e karma vengono anche descritte come le due ali di un uccello, mentre jnana è la sua coda. Solo con tutte e tre l'uccello può librarsi a grandi altezze.

Anche nei *gurukula* del passato i discepoli lavoravano. Non lo consideravano come karma. Per loro era *guru seva,* servizio al maestro spirituale. Un'azione svolta per il maestro spirituale non è azione, è meditazione. Si dice che si deve fare seva con l'atteggiamento che l'ashram è il corpo del maestro. In seguito, si deve vedere il mondo intero come il corpo del maestro e servirlo. Questa è vera meditazione. Infatti, il costante ricordo di questo principio è altresì meditazione.

La maggior parte delle persone conosce la storia del discepolo[4] che si sdraiò davanti all'argine rotto per impedire alla piena del fiume di inondare il campo del suo maestro. Per il discepolo, quel campo non era un semplice campo. Egli era disposto ad abbandonare persino il suo corpo per impedire la distruzione

---

[4] Una storia dall'epica Mahabharata. Il discepolo era Aruni, che, grazie alla benedizione del suo maestro spirituale, divenne un grande saggio.

del raccolto del maestro. Questa non può essere chiamata solo azione. Lo stato in cui si dimentica completamente se stessi è il più alto livello di meditazione. Anticamente, nei gurukula tutto il lavoro era svolto dai discepoli: essi raccoglievano la legna da ardere nella foresta, portavano le mucche al pascolo ed eseguivano le altre incombenze domestiche. Non pensavano che questo fosse semplice lavoro. Per loro era pratica spirituale, era servizio al maestro e una forma di meditazione.

Centinaia di figli di Amma che hanno studiato e che hanno avuto esperienze lavorative vengono qui. Come possono iniziare a meditare tutto il giorno non appena arrivano qui? Svolgere qualche attività per il bene del mondo è molto meglio che stare seduti senza essere capaci di meditare in modo appropriato e permettere alla mente di venire inquinata da pensieri sempre più numerosi. Mentre ripete un mantra, ciascuno può svolgere azioni che sono adeguate alle proprie capacità. Questo reca beneficio sia a lui che al mondo, crea purezza interiore e porta più vicino alla meta.

Nessuno può raggiungere la meta senza sforzarsi. Sia nella vita materiale che in quella spirituale lo sforzo è necessario, ma è la grazia divina che lo porta a compimento e gli dà bellezza. Un atteggiamento privo di egoismo è ciò che qualifica una persona per ricevere quella grazia.

Figli miei, quando svolgete del servizio altruistico per il mondo, magari pensate: "A causa di tutto questo lavoro, non ho nemmeno un momento per pensare a Dio. Tutto il mio tempo è perso nel lavoro. La mia vita sarà inutile?". Tuttavia, quelli che compiono azioni altruistiche non devono stancarsi di cercare Dio ovunque, perché il vero tempio di Dio è il cuore di chi fa servizio disinteressato.

Ogni istituto di Amma è cresciuto con questi principi. Quando arrivarono i figli di Amma che erano esperti nel campo dell'educazione, si introdussero le scuole. Vennero a unirsi gli esperti di computer e diedero inizio agli istituti di informatica. I miei figli ingegneri arrivarono e si impegnarono a costruire gli edifici necessari per le istituzioni. Giunsero i medici, che svolsero un ruolo fondamentale per dare l'avvio agli ospedali. Per loro, nessuno di questi è un lavoro, bensì pratica spirituale, meditazione, guru seva. Figli miei, Amma vi assicura che anche solo poter respirare l'aria di coloro che, dimenticando se stessi, lavorano per il bene del mondo è di beneficio.

Alcuni seguaci del sentiero del Vedanta dichiarano che un'azione, anche se compiuta per il bene del mondo, crea nuove inclinazioni. Ma quelle sono le affermazioni fatte da gente pigra. Nella Gita il Signore Krishna dice: "Arjuna, non desidero guadagnare niente in nessuno dei tre mondi, tuttavia continuo a compiere azioni".

Svolgete le vostre azioni senza attaccamento, agite senza l'atteggiamento: "Io sto facendo", ma con la convinzione: "Dio mi sta facendo fare questo". Un tale lavoro non potrà mai creare schiavitù, ma condurrà invece alla liberazione. In ogni parte della Gita si può notare l'importanza data allo sforzo umano.

Anche i Vedantini[5] che affermano: "Io sono Brahman, perché quindi dovrei fare qualche lavoro?", quando si ammalano si fanno curare. Chiedono di avere il pranzo esattamente all'una e il loro letto deve essere preparato entro le dieci di sera. Se hanno bisogno di essere serviti a tal punto, perché non viene loro in mente che anche il mondo ha bisogno di aiuto? Se si ritiene che ogni cosa è uguale all'unico Sé, allora niente può essere rifiutato, ogni cosa deve essere accettata. Si può valutare l'atteggiamento spirituale di qualcuno osservando il suo grado di altruismo.

Ci sono quelli che ritengono che ciò che un sannyasi deve fare è andare semplicemente sull'Himalaya e vivere lì. Figli miei, servire altruisticamente il mondo è l'inizio della vera ricerca del

---

[5] Coloro che seguono il sentiero del Vedanta.

Sé. È anche la fine di quella ricerca. Il nostro dovere verso Dio è l'essere compassionevoli con quelli che soffrono e sono bisognosi. Il nostro più alto e più importante dovere nel mondo è l'aiutare i nostri fratelli. Dio non ha bisogno di niente da noi. L'Essere Supremo è sempre completo. Il sole non ha bisogno della luce di una candela. Dio è il Protettore dell'intero universo, Dio è la personificazione dell'amore e della compassione. Noi ci espandiamo solo assimilando quell'amore e quella compassione. I sannyasi imparano ad amare senza alcun attaccamento e a servire senza nessuna aspettativa. Devono lasciare il bagaglio dell'egoismo e caricare sulle loro spalle il peso del servizio per il mondo.

Diventiamo idonei alla grazia di Dio solo quando siamo in grado di amare e servire tutti gli esseri viventi senza nessun desiderio egoistico. Meditare senza raggiungere la purezza interiore attraverso il servizio altruistico è uno spreco inutile, è come versare il latte in un recipiente sporco. Ci dimentichiamo questa verità, dimentichiamo il nostro obbligo di servire quelli che lottano per sopravvivere. Visitiamo il tempio ed eseguiamo l'adorazione, ma quando usciamo da quel luogo e ci troviamo di fronte a una persona malata o incapace di trovare un lavoro e questi allunga la mano verso di noi per un po' di cibo, lo ignoriamo o gli urliamo contro e lo cacciamo via. Figli miei, la vera adorazione di Dio è la gentilezza amorevole che mostriamo verso i sofferenti.

Così, figli miei, dobbiamo andare in mezzo a quelli che sono nel dolore, ma insieme alle nostre attività di servizio dobbiamo anche cercare di impartire qualche insegnamento spirituale alle persone. Dare il cibo agli affamati è importante, ma non sufficiente; anche riempiendo il loro stomaco ora, avranno di nuovo fame dopo un po'. È necessario anche spiegare loro i principi spirituali, facendo loro capire lo scopo della vita e la natura del mondo. Allora impareranno a essere felici e contenti in ogni circostanza. Solo allora il nostro servizio sarà completamente proficuo.

Oggi ognuno nella vita aspira a uno status più alto del proprio. Nessuno si preoccupa di pensare alla condizione di quelli che sono meno fortunati.

Amma racconta una storia. C'era una povera vedova che lavorava come domestica in una casa di un uomo ricco. La sua unica figlia aveva degli handicap fisici. La donna era solita portare con sé la ragazza quando andava al lavoro. Anche il ricco uomo aveva una figlia, che era molto affezionata a quella della domestica: era solita accarezzarla, darle le sue caramelle e raccontarle delle storie. Al padre, invece, questo non piaceva. Ogni giorno rimproverava sua figlia, dicendole: "Tu non devi giocare con lei! Perché ti porti in giro quella bambina sporca e storpia?". Sua figlia non rispondeva. L'uomo riteneva che giocasse con la bimba perché non aveva nessun altro con cui divertirsi. Così, un giorno, portò a casa la figlia di uno dei suoi amici. Sua figlia vide la bambina, sorrise, parlò con lei in modo amichevole e poi andò a prendere la figlia della domestica e cominciò a rivolgerle parole affettuose. Vedendo questo, il padre domandò: "Cara, non ti piace questa bambina che il papà ti ha portato per giocare con te?". Lei ripose: "Mi piace molto, ma vorrei dirti una cosa. Anche se non mi piacesse la bambina che hai portato qui, lei avrebbe molti altri che la amano. Invece, papà, con quest'altra bambina, se non le voglio bene io, chi altro lo farà? Lei non ha degli amici suoi".

Figli miei, questo deve essere il nostro atteggiamento: dobbiamo amare con tutto il cuore i poveri e i sofferenti. Date loro speciale importanza e fateli sentire più lieti. Questo è il nostro dovere verso Dio.

Potete domandare: "Se il servizio altruistico è così importante, che bisogno c'è della meditazione e delle tapas?". Figli miei, se una persona normale è come un palo elettrico, una persona che intraprende tapas è come un trasformatore. È possibile ottenere grande energia facendo tapas. È come generare energia costruendo una diga su di un fiume che scorre in nove canali. Ma dobbiamo anche essere disposti a dedicare l'energia che otteniamo con le tapas al benessere del mondo. Dobbiamo essere pronti a offrire ogni cosa, come un bastoncino di incenso che diffonde ovunque profumo mentre lo si brucia. La grazia di Dio fluisce automaticamente verso quelli il cui cuore ha una simile apertura.

Figli miei, dobbiamo cercare di sviluppare la compassione, dobbiamo sentire l'urgenza di servire i sofferenti ed essere pronti a lavorare per il bene del mondo in ogni situazione.

Molti meditano chiudendo semplicemente gli occhi, o cercando unicamente di aprire il terzo occhio e andare oltre i due occhi che vedono il mondo. Non ci riusciranno. Sedere in meditazione è molto importante, ma non è abbastanza. Non possiamo chiudere gli occhi al mondo in nome della spiritualità. Essere capaci di vedere a occhi aperti il proprio Sé in ogni essere vivente - questa è la realizzazione del Sé. Dobbiamo vedere noi stessi negli altri, amarli e servirli: in questo modo la pratica spirituale diverrà perfetta.

Parte terza

Con le Sue mani e piedi ovunque

Con le Sue mani e piedi ovunque,
con i Suoi occhi, teste e orecchie in ogni luogo,
Egli risiede nel mondo, avvolgendolo tutto.

- Bhagavad Gita (13:14)

Figli miei,
questa nazione si svilupperà e prospererà
solo creando persone che hanno
la forza e la vitalità del Sé
e un atteggiamento di abbandono di se stessi.

- Sri Mata Amritanandamayi

Amma mentre parla ai suoi figli durante la festività di Onam

L'amore universale: il compimento della devozione

Messaggio di Amma per la celebrazione di Onam ad Amritapuri

La festa di Onam è un giorno in cui si ricorda il devoto che si unisce all'Essere Supremo. Solo se abbandoniamo completamente la mente a Dio possiamo fonderci nei Suoi Piedi.

Ma in che modo è possibile abbandonare la mente? Lasciare andare ciò a cui la mente è più fortemente attaccata corrisponde ad abbandonare la mente. Oggigiorno la ricchezza è quello a cui la nostra mente è più attaccata: non siamo pronti a rinunciare neppure alla più piccola cosa. Se partecipiamo a un pellegrinaggio spirituale, teniamo in mano degli spiccioli da dare ai mendicanti. Ma, per quanto possibile, cerchiamo di mettere da parte monetine da uno o due centesimi di *paisa*[1], certamente niente che valga più di cinque centesimi. Lo scopo della carità è sia di trasformare la nostra mente da egoista ad altruista sia di dare ai poveri quello di cui hanno bisogno. Ma siamo avari anche in questo: lesiniamo persino sull'offerta per la divinità nel tempio. Il vero abbandono a Dio non è solo nelle parole, ma nelle nostre azioni. Il sincero devoto è colui che si abbandona totalmente a Dio. Al giorno d'oggi non abbiamo nemmeno il diritto di pronunciare la parola "devoto". Mahabali invece era differente: donò a Dio tutto ciò che aveva e, come risultato, non tardò a ottenere lo stato supremo. Si dice spesso che il Signore spinse giù con i suoi piedi Mahabali fino a Patala, il mondo inferiore, ma questo non è vero. Il Signore lasciò che l'anima di Mahabali si fondesse in Lui, mentre il corpo,

---

[1] Un *paisa* è un centesimo di una rupia.

che era il prodotto dell'ignoranza, fu mandato nel mondo che meritava.

Nonostante Mahabali appartenesse per nascita al lignaggio degli *asura*[2], era un devoto che possedeva molte buone qualità; era però anche molto orgoglioso e pensava: "Sono il re! Sono ricco abbastanza da dare in dono qualsiasi cosa". Non si rendeva conto che, a causa del suo orgoglio, stava perdendo tutto quello che aveva guadagnato. Sebbene fosse generoso di natura, la sua presunzione gli impedì di ricevere i frutti acquisiti con la sua generosità.

È dovere del Signore rimuovere l'ego del devoto. Il Signore si avvicinò a Mahabali assumendo la forma di Vamana, il giovane nano divino,[3] chiedendogli solo la quantità di terreno che avrebbe potuto coprire con tre passi. Mahabali pensò che il Signore chiedesse al re, che aveva il potere di donare un intero regno, un pezzo di terra veramente piccolo. Ma quando Vamana aveva fatto due passi, tutto quello che Mahabali possedeva era perso, perché l'intero regno fu percorso da quei due enormi passi. E con esso scomparve pure l'ego di Mahabali. "Com'è insignificante tutta la mia ricchezza davanti al Signore! Vicino a Lui non sono niente!". Nacque in lui questa umiltà: "Non ho nessuna abilità, tutti i poteri sono Suoi!". Avendo eliminato l'orgoglio, Mahabali si inchinò davanti al Signore e si fuse completamente con lo Spirito Supremo. In effetti, poiché il suo senso dell'*io* e del *mio* era stato distrutto dalla grazia del Signore, si identificò coi piedi del Signore. Così il Signore non spinse Mahabali nel mondo inferiore con il Suo piede, come spesso è raffigurato.

Alla fine il Signore gli chiese: "Hai qualche desiderio?". Mahabali ripose: "Ne avrei solo uno - che tutti in questo mondo, giovani e vecchi, possano mangiare a sazietà, indossare vestiti nuovi e danzare insieme nella gioia; che questo possa essere un mondo

---

[2] Un demone o una persona con qualità demoniache.
[3] Una incarnazione del Signore Vishnu.

di gioia e di pace". Questa è l'aspirazione di un vero devoto. Il devoto non deve volere la realizzazione del Sé o la liberazione. Il suo unico desiderio è che tutti in questo mondo possano essere felici. Quando vi indirizzate verso il sentiero che porta a Dio, alcuni obietteranno che avete abbandonato tutti per amore della vostra liberazione personale o per il paradiso e diranno: "Non è egoistico?". Il devoto invece prende solo rifugio in Dio in modo da poter amare e servire il mondo in modo disinteressato. Questo è il motivo per cui compie delle austerità. La sua aspirazione è vedere un mondo in cui tutti trovino gioia nella ripetizione dei nomi divini.

Oggi è il giorno del completo abbandono. Fino a che rimarrà il senso dell'"io", non ci si potrà fondere nello stato supremo. Il nostro egoismo deve scomparire completamente.

Amma ricorda una storia. Nell'antico reame di Magadha, viveva un re chiamato Jayadeva che aveva tre figli. Quando invecchiò, il re decise di rinunciare al trono e di iniziare la vita di *vanaprastha*. Normalmente il figlio maggiore avrebbe dovuto ereditare il trono. Il re Jayadeva, invece, decise di dare il trono al figlio che amava la gente in modo veramente altruistico. Chiamò i suoi tre figli e chiese: "Avete compiuto qualche buona azione recentemente?".

Il figlio maggiore disse: "Sì, ho compiuto una buona azione. Un amico mi affidò alcune pietre preziose da tenere al sicuro. Quando in seguito le rivolle indietro, gliele resi tutte".

"E allora?".

"Avrei potuto rubare alcune pietre dalla collezione", disse il principe.

"Ma allora perché non le hai prese?".

"Se avessi rubato qualcosa, avrei avuto dei rimorsi di coscienza per aver fatto una cosa simile e ciò mi avrebbe causato dolore".

"È dunque per evitare il dolore che ti sei trattenuto dal rubare", disse il re.

Chiamò il secondo principe e domandò: "Hai compiuto qualche buona azione?".

"Sì. Viaggiavo, quando mi è capitato di vedere un bambino che stava per essere travolto dalla forte corrente di un fiume. Era sul punto di annegare e il fiume era pieno di coccodrilli. Anche se c'erano molte persone intorno, nessuno si muoveva per salvarlo perché tutti erano molto spaventati dai coccodrilli. Io, invece saltai nel fiume e strappai il ragazzo dal pericolo!".

"Perché eri pronto a sacrificare la vita per salvarlo?", gli chiese il re.

"Se non lo avessi fatto, la gente avrebbe detto che ero scappato via per paura, anche se ero il figlio del re. Mi avrebbero dato del codardo!".

"Così lo hai salvato per ottenere le lodi della gente e per difendere la tua reputazione", disse il re.

Chiamò il terzo figlio e gli chiese: "Hai compiuto qualche buona azione?".

"Non credo di averne compiuto nessuna", disse il principe più giovane.

Il re si preoccupò sentendo ciò e, non credendoci, chiamò i suoi sudditi e chiese: "Siete a conoscenza di qualche buona azione compiuta dal mio figlio minore?".

Ciascuno di loro disse: "Si informa sempre del nostro benessere e della nostra felicità, ci dà del denaro quando ne abbiamo bisogno e ci aiuta; quando abbiamo fame ci manda del cibo, costruisce case per i senza tetto. Sono infinite le buone azioni che ha compiuto, ma egli ci ha dato particolari istruzioni di non parlarne con nessuno".

Il re Jayadeva si rese conto che il figlio più giovane era il migliore e gli diede il trono.

Figli miei, qualsiasi cosa facciate, non deve esserci presente l'atteggiamento: "*Io* faccio questo". Non fate le cose solo per impressionare la gente. Considerate ogni azione come un modo per adorare Dio. È solo grazie al potere di Dio che siamo in grado di fare qualsiasi cosa. Il pozzo dice: "Le persone bevono la mia acqua ed è grazie a me che possono fare il bagno e lavarsi!". Ma il pozzo non considera da dove viene la sua acqua.

Figli miei, siamo solo degli strumenti. Ogni cosa è soggetta al potere di Dio. Non dimenticatelo! Abbandonatevi completamente a Lui mentre procedete nella vita. Dio vi proteggerà.

Figli miei, il nostro amore e attaccamento devono essere diretti verso l'Essere Supremo. Se le circostanze cambiano, anche solo lievemente, tutti coloro che chiamiamo nostri amici e parenti, ci lasceranno certamente. L'Essere Supremo è il nostro vero parente. Solo l'Essere Supremo è eterno. Dobbiamo essere consapevoli di questo in ogni momento. Allora non saremo preda dell'angoscia.

"O Madre, se tengo la Tua mano, forse la lascerò andare per correre dietro a qualche gioco che vedo! Forse qualche volta cadrò nelle buche delle gioie e dei dispiaceri di questo mondo. Ma se Tu tieni la mia mano questo non accadrà, perché sei sempre con me. Sono al sicuro nelle Tue mani". Pregate in questo modo, figli miei. Abbiate cura di non smettere di pensare a Dio. Abbandonatevi completamente a Lui! Sarete senza dubbio in grado di raggiungere così lo stato supremo.

Amrita Kripa Sagar, l'hospice a Mumbai per i malati terminali di cancro

La compassione: l'essenza della spiritualità

Discorso di benedizione di Amma in occasione della posa della prima pietra dell'Amrita Kripa Sagar, l'hospice a Mumbai per i malati terminali di cancro, che l'organizzazione di Amma, il M. A. Math, inaugurò nel 1995.

Figli miei, ciò di cui abbiamo bisogno non sono discorsi, ma azioni. Fino ad ora Amma ha viaggiato nella maggior parte delle regioni del mondo, ha avuto l'occasione di incontrare centinaia di migliaia di persone ed è stata testimone del dolore che hanno sofferto. Per questo motivo Amma ha deciso di fondare una simile struttura.

Al giorno d'oggi ciò che manca di più è l'amore. Molte coppie vengono al darshan di Amma. La moglie dice: "Amma, mio marito non mi ama!". Se Amma chiedesse al marito: "Figlio, perché non la ami?", la risposta è di solito: "Ma io la amo davvero! Non lo mostro, ecco tutto!".

Figli miei, questo non è abbastanza. A cosa serve del miele celato all'interno di una pietra? Qual è l'utilità di dare del ghiaccio a qualcuno che sta morendo di sete? È come quando affermate: "Dentro di me io la amo". Il vostro amore deve essere espresso chiaramente, figli miei!

Senza il passaporto dell'amore non possiamo ottenere il visto necessario per la liberazione. Le Scritture dicono che dobbiamo desiderare che il mondo riceva da noi quello che noi stessi vorremmo ottenere dal mondo. Vogliamo che gli altri ci diano gioia e quindi non dobbiamo mai procurare dolore agli altri. Cristo dice che dobbiamo amare il nostro prossimo come amiamo noi stessi. Il Corano dice che se l'asino del nostro nemico è ammalato, dobbiamo curarlo. Ma oggi il nostro modo di pensare è diverso. La vita è cambiata completamente, non c'è più compassione. Ci rallegriamo se il negozio del vicino perde clienti o se i vicini sono infelici, mentre ci rattristiamo se sono contenti. Questa è la compassione che si prova per gli altri!

Figli miei, se avete vero amore, esso stesso è la Verità. L'amore autentico è Dio, è il dharma, è la beatitudine.

Quando c'è vero amore, non si può mentire, perché c'è posto solo per la Verità. Non possiamo fare del male a quelli che amiamo veramente. In tale stato cessa ogni violenza. Dove c'è vero amore, la dualità scompare. In un campo allagato, gli argini segnano i confini; se questi vengono rimossi, resta solo un unico specchio d'acqua. Nell'amore scompaiono automaticamente tutte le distinzioni. L'amore comprende tutto.

Alcuni possono interpretare l'amore in modo differente e va bene che sia così. L'uomo che va in un campo per trovare cibo per le mucche vede dell'erba mentre, nello stesso campo, l'erborista vede delle piante medicinali. Le persone sono di diversa natura e le cose possono essere interpretate in vari modi. Ma questo è il sentiero di Amma.

L'ampio fiume non ha bisogno di acqua. Invece noi, per pulire i nostri canali di scolo, abbiamo bisogno dell'acqua pura del fiume. Dio non vuole niente da noi. Intorno a noi vi sono così tante persone che soffrono: consoliamole, diamo loro l'aiuto che necessitano. Questo è vero amore verso Dio. Questo è il vero principio spirituale.

Molti figli di Amma sono venuti da lei piangendo amaramente. Un giorno lei chiese a un ragazzo in lacrime: "Cosa è accaduto, figliolo?". Lui disse: "Mia mamma ha un tumore e ieri ha pianto per otto ore perché soffriva molto e non potevamo permetterci di comperare per lei nessun farmaco antidolorifico!".

Immaginate quella donna costretta a piangere ad alta voce per otto ore perché la sua famiglia non aveva dieci o venti rupie, il costo delle pillole! Amma conosce innumerevoli persone come quella. Proprio quel giorno Amma ha deciso che avrebbe fatto qualcosa per aiutare tali persone e questo è il motivo per cui stiamo costruendo questo hospice.

Quando si pensa alla loro sofferenza, viene in mente qualcosa d'altro. Quando un uomo o una donna piange in un appartamento perché soffre per un dolore insopportabile, troverete spesso nell'appartamento vicino persone completamente ubriache che stanno fracassando tutto. Se queste sentissero un po' di compassione per coloro che piangono dal dolore, il loro egoismo svanirebbe.

Quelli che sono compassionevoli proveranno la compassione di Dio, che è il Principio Supremo, e godranno nella beatitudine del loro Sé. Gli eroi sono coloro che trovano gioia in loro stessi: questo è un segno di coraggio; Quelli che invece dipendono dagli altri oggetti per la loro gioia non sono coraggiosi, sono deboli.

I dottori smettono di curare i malati di cancro quando non possono fare più nulla per loro. Rendendosi conto che i medici non possono più aiutare il malato, la famiglia del paziente incomincia a odiare i dottori e abbandona la persona morente. Avendo perso ogni sostegno, il malato si spegne lentamente, aspettando la morte in ogni momento, sopportando il dolore fisico come pure il tormento mentale causato dal rifiuto della famiglia. Possiamo vedere persone in queste condizioni per le strade di Mumbai.

Noi tutti vogliamo opportunità per condurre pratica spirituale e servizio disinteressato. Aiutiamo e consoliamo quelli che vivono nel dolore e parliamo loro dei valori spirituali. Questo è la speranza di Amma. Molte persone ammalate sono nella più completa disperazione: l'aiuto che diamo loro è vero servizio.

Figli miei, pregare non è solo ripetere un mantra. Una parola gentile, un viso sorridente, la compassione - tutto questo è parte della preghiera. Senza gentilezza amorevole, non importa quante tapas si facciano, è come versare del latte in un recipiente sporco.

Alcuni chiedono: "Cosa è più importante, la pratica spirituale o l'azione?". La vera tapas è mantenere in tutte le circostanze l'equilibrio tra il corpo e la mente. Alcuni sono bravi nella pratica spirituale, ma hanno scoppi di rabbia per motivi trascurabili. Quando questi episodi accadono, essi non si rendono conto di ciò che dicono o fanno. Ci sono altri che compiono azioni con grande sincerità ed entusiasmo, ma crollano quando sono di fronte a piccoli problemi insignificanti, perdendo completamente il loro controllo mentale. Focalizzarsi quindi solo su uno dei due aspetti - pratica spirituale o azione - non è abbastanza. Ci servono entrambi. Una persona normale è come una candela, ma facendo tapas può brillare come il sole. Tuttavia, agli occhi di Amma, il vero *tapasvi* è colui che dedica le proprie tapas anche al mondo.

Possa questa iniziativa ricevere la benedizione di tutti voi. Questa è la preghiera di Amma.

L'amore è la vera ricchezza

Messaggio di Amma per l'Onam del 1995.

Figli miei, questo è il giorno dell'unità e della dedizione reciproca; solo da questa possiamo ottenere vera felicità. Oggi è il giorno per assaporare la vera gioia. Per tale motivo le persone erano solite dire: "Prepara un lauto banchetto per Onam, anche se ciò significa vendere la tua terra!". C'è un grande principio nascosto in questo. Nella vita siamo interessati ad accumulare ogni cosa; ammucchiamo sino a sacrificare il cibo e il sonno pur di ammassare! Siamo in competizione l'uno contro l'altro e sentiamo poco amore per la famiglia e per gli amici. Pensiamo solo al lavoro e ai soldi, ma niente di ciò che accumuliamo viene con noi alla fine. Se guardiamo coloro che conducono una vita egoistica, possiamo vedere che in realtà essi vivono in un inferno, e l'inferno è anche dove arriveranno dopo la morte. Figli miei, l'unica cosa che è superiore a tutto il resto e che dura per sempre, non ha niente a che fare con la ricchezza, il potere, il titolo, o la posizione: è l'amore.

Una coppia sposata stava conversando, quando il marito disse: "Sto per iniziare un grosso affare, in futuro saremo molto ricchi". La moglie rispose: "Ma non lo siamo già ora?". "Che cosa vuoi dire? Ciò che abbiamo è a malapena sufficiente per fare quadrare il bilancio".

"Mio caro, non sei qui con me, e io non sono forse qui con te? Cosa ci manca, quindi?". Sentendo le sue parole affettuose, il marito versò lacrime d'amore e l'abbracciò. Figli miei, l'amore è la vera ricchezza. L'amore è la vera vita.

Oggi, indipendentemente da quanto le persone siano ricche, vivono in un inferno perché non c'è amore reciproco: solo l'egoismo fiorisce tra loro. Questo non significa che non dobbiamo cercare di arricchirci né che la ricchezza non sia necessaria, ma dobbiamo capire che niente sarà con noi per sempre, niente ci accompagnerà. Se abbiamo questa consapevolezza, non saremo travolti dalla felicità quando acquisiremo ricchezza né sprofonderemo in un immenso dolore quando la perderemo. Anche se perdiamo la nostra ricchezza terrena, la nostra ricchezza d'amore senza fine sopravvivrà, dispensando amore e armonia alla nostra vita.

Pensando all'Onam, molte persone esprimono l'opinione che fu compiuta un'ingiustizia verso Mahabali. "Il Signore non spinse con i Suoi piedi Mahabali nel mondo inferiore, anche se questi aveva abbandonato a Lui ogni cosa?", essi domandano. È vero che Mahabali aveva abbandonato ogni cosa materiale, ma in ogni sua azione, aveva l'atteggiamento: "*Io* faccio questo". Non aveva rinunciato a quello; quell'*io* era il dono che il Signore esigeva. È dovere di Dio proteggere i Suoi devoti. Si dice spesso che l'ego risieda nella testa. Quando ci si inchina di fronte a qualcuno, si perde il proprio ego: questo atteggiamento non risulta facile a nessuno. Inchinandosi di fronte al Signore, Mahabali stava, di fatto, abbandonando la sua coscienza corporea e stava entrando nel mondo del Sé. Questo è il principio da imparare da questo racconto.

Un ricco uomo aveva il desiderio di diventare un sannyasi. Distribuì tutte le sue ricchezze, costruì una piccola capanna sulla cima di una collina e vi andò ad abitare. Sentendo che un nuovo sannyasi si era trasferito sulla collina, molte persone andarono a vederlo. A tutti diceva: "Lo sai chi sono io? Sai quanto ero ricco? Tutto quello che vedi laggiù era mio! Ho regalato tutto a varie persone". Aveva dato via e lasciato ogni cosa, ma nessuna di esse aveva abbandonato la sua mente!

Accadde lo stesso a Mahabali, ma era dovere del Signore salvare il devoto. Quello che ostacolava il progresso di quel generoso devoto di ampie visioni verso la meta, era il senso dell'*io*, il suo ego. L'umiltà e la conquista della grazia dei mahatma (grandi anime) sono indispensabili per sradicare l'ego.

Figli miei, qualsiasi storia scegliate, il messaggio di base è soltanto l'amore. Amatevi l'un l'altro! Amatevi con tutto il cuore! Amatevi reciprocamente senza nessuna aspettativa. Allora non ci sarà bisogno di andare in nessun posto per cercare il vero paradiso.

La pratica spirituale dell'amore

C'era un ashram dove viveva un maestro spirituale con i suoi discepoli. Dopo che il maestro ebbe lasciato il corpo, i discepoli vissero in armonia per qualche tempo. Lentamente, tuttavia, le loro pratiche spirituali si ridussero: smisero di meditare e di ripetere i loro mantra. Aumentarono i sentimenti di gelosia e sospetto reciproci e la posizione e il ruolo divennero lo scopo di ognuno. L'intera atmosfera dell'ashram era cambiata. Sempre meno persone visitavano l'ashram adesso: regnava solo il silenzio. Quando le persone si innamorano del potere e del prestigio, diventano pazze. Allora non esistono più regole su quello che si deve o non si deve fare. Uno dei discepoli, tuttavia, molto rattristato per la condizione dell'ashram, andò a visitare un vecchio saggio che viveva nelle vicinanze e gli spiegò la situazione: gli descrisse come l'ashram, dove prima ogni giorno si recavano in visita centinaia di persone e dove c'era sempre stata un'atmosfera gioiosa, era ora come un cimitero.

Il saggio ascoltò e disse: "C'è un santo tra di voi, che però nasconde il suo vero stato. Se seguite le sue parole, il vostro ashram si eleverà ad altezze mai raggiunte prima e la sua fama si diffonderà". Il discepolo domandò: "Chi è?". Ma il santo era già scivolato nello stato di *samadhi*[4].

---

[4] Uno stato interiore di perfetta unità con lo Spirito Supremo, la Realtà Assoluta, nel quale lo sperimentatore, l'esperienza e ciò che è sperimentato sono uno, sono la stessa cosa.

Il discepolo ritornò all'ashram con le novità e rifletté profondamente su quello di cui era venuto a conoscenza. "Chi è il santo tra di noi?", domandò a un altro discepolo. "È il cuoco? Probabilmente no. Non è nemmeno capace di cucinare decentemente! A causa sua è da lungo tempo che non mangiamo qualcosa di buono. Come potrebbe essere lui il santo? Potrebbe essere il giardiniere? No, non mette attenzione in nessuna cosa, è molto impulsivo. Cosa pensi dell'uomo che bada alle mucche? Certamente no, ha un pessimo carattere". Continuò a fare riflessioni simili su tutti. L'altro discepolo disse: "Perché criticare le loro azioni? Non possiamo valutare i santi in base alle loro azioni, che sono ideate per il nostro benessere futuro. Dobbiamo essere umili per trarre beneficio da loro, vero? Facciamo una cosa. Cerchiamo di essere umili con tutti, qui all'ashram, di amare gli altri senza trovare in loro nessuna colpa. Osserviamo la disciplina nell'ashram nel modo in cui eravamo soliti fare". Così tutti e due cercarono di amare ogni persona e furono gentili e umili nel loro comportamento. Quando gli altri videro ciò che succedeva, cominciarono anch'essi a comportarsi in quel modo. Tutti iniziarono a sentirsi felici e l'ashram riconquistò l'atmosfera festosa che aveva in passato, diventando persino un posto ancora più prospero. Tutti i residenti dell'ashram divennero idonei alla realizzazione del Sé.

Figli miei, l'amore è la base di ogni cosa. La compassione verso gli altri equivale ad abbandonarsi a Dio.

Figli miei, Dio è in noi, ma oggi quella presenza interiore esiste solo in forma latente. Perché il seme germini è necessaria l'acqua della compassione. Con il liquido dell'egoismo esso potrà solo morire, questo è certo! Fare qualcosa per gli altri e non solamente per se stessi si può chiamare compassione. Il seme può crescere unicamente nell'acqua di quella fonte.

Figli miei, la meditazione da sola non è sufficiente, anche la compassione è essenziale. I vestiti possono essere lavati con il sapone, ma per rimuovere le macchie è necessario qualcosa di più forte. Nello stesso modo, abbiamo bisogno della compassione unita alla meditazione. Nel nostro cuore dobbiamo provare amore ed empatia, necessari per aiutare i sofferenti. Questo è vero servizio. La grazia di Dio fluirà solo in un cuore che ha una tale compassione.

La pratica spirituale interiore

Amma dice sempre che la meditazione è preziosa come l'oro. La meditazione è ideale per il progresso materiale e spirituale. La valuta di una data nazione è accettata solo in quella nazione, non ha alcun valore in nessuna altra nazione. Anche nel nostro stesso Paese una banconota non sarà valida se manca il numero di serie. Una moneta d'oro è invece differente: anche se manca l'incisione, avrà ancora valore in ogni nazione. La meditazione è simile: il tempo passato in meditazione non potrà mai andare sprecato. Pensate che valore avrebbe l'oro se fosse anche meravigliosamente profumato! Questo equivale a meditare ed essere compassionevoli. Allora tutti gli ostacoli sulla strada della grazia di Dio che fluisce verso di noi, scompariranno.

Molti vengono qui e si lamentano: "Quella persona mi ha fatto un maleficio! Ha praticato qualche stregoneria contro di me", e così via. Non dovete credere a nessuna di queste cose, figli miei! Ciò che sperimentiamo ora sono i frutti delle nostre azioni precedenti. È inutile biasimare qualcun altro per questo. La vita è colma sia di felicità che di tristezza; per equilibrarle e andare avanti, dobbiamo capire la spiritualità. Il cosiddetto fato è il frutto delle nostre precedenti azioni e questo significa che le nostre azioni hanno grande importanza. Così, invece di sprecare il vostro denaro in stregonerie e cose simili, cercate di pregare con concentrazione e di fare la carità a quelli che la meritano. Tali buone opere porteranno sicuramente i risultati desiderati.

Solo chi ha intrapreso intense tapas può manifestare il potere dei mantra. Queste persone potrebbero realmente farci del male con certi mantra. Così come ci sono buoni mantra, ci sono pure cattivi mantra. Ma ai nostri giorni chi è capace di sviluppare tali poteri facendo tapas? Non è il caso quindi di avere paura di queste cose. In base al momento della nostra nascita, dovremo patire sofferenze in certe fasi della vita. Quando fa molto caldo, non possiamo fare niente con concentrazione. Una persona che ha bevuto non sa quello che dice e potrebbe venire picchiata dagli altri a causa delle sue parole. In modo simile, ci sono periodi difficili nella vita che dipendono dalla data di nascita. Attribuiamo quei periodi agli effetti di Marte, Saturno, Rahu, e così via. Perdita di ricchezza, incidenti, litigi, malattie, sofferenze della famiglia e degli amici, ostacoli in generale, biasimo per errori che non abbiamo commesso – può accadere tutto questo in quelle fasi. Questi eventi non sono il risultato di opere di stregoneria o di magia nera compiute da qualcuno. Con il denaro che spendete per simili cose potreste invece pagare i vostri debiti.

Durante simili periodi nella vita non dobbiamo essere pigri. Dobbiamo cercare di meditare su Dio concentrandoci solo su di Lui. Dobbiamo recitare il *Lalita Sahasranama* ogni singolo giorno e ripetere costantemente i mantra. In questo modo potremo ridurre di molto la sofferenza. Il novanta per cento delle difficoltà che incontriamo può essere rimossa con i nostri sforzi.

Figli miei, c'è qualcosa d'altro che avete bisogno di ricordare: non dovete mai fare niente che possa causare agli altri qualsiasi dolore, perché quello creerà molto male. Possiamo danneggiare qualcuno che non ha fatto niente di sbagliato e quando piangerà con il cuore a pezzi dicendo: "O Dio, non so niente di questa faccenda, ma quelli continuano a dire quelle cose!", quell'angoscia ci toccherà in modo sottile e più tardi ci farà del male. Questo è il motivo per cui si dice che non si deve fare del male agli altri né con il pensiero, né con la parola, né con l'azione. Anche se non possiamo renderli felici, dobbiamo stare attenti a non ferire nessuno. Questo è l'atteggiamento che attrae la grazia divina.

Vengono pubblicizzate offerte di lavoro, si conducono le prove e si tengono colloqui, ma vediamo che il lavoro viene dato a quelli che non erano poi così eccellenti nelle prove e nei colloqui. Se le cose andassero secondo il nostro volere, non dovrebbero ottenere l'impiego coloro che hanno dato le risposte migliori? Invece non accade sempre così. Quindi, la base di ogni cosa è il volere di Dio. Abbandoniamoci perciò al Suo volere. Quelli che non hanno superato particolarmente bene una prova hanno ottenuto il lavoro perché l'esaminatore aveva provato una certa compassione per loro, che non aveva per altri candidati. Quella compassione è sorta per le precedenti buone azioni del candidato. Così è la grazia di Dio. Se perdiamo qualche opportunità, non dobbiamo solo angosciarci, ma dobbiamo invece fare del bene, così da potere ricevere la grazia divina. Abbiamo bisogno della compassione degli altri che origina dalla grazia di Dio e, per riceverla, dobbiamo compiere buone azioni.

Seminiamo e fertilizziamo, scaviamo pozzi e in estate pompiamo acqua per irrigare, strappiamo regolarmente le erbacce. Ma proprio quando arriva il tempo del raccolto, c'è un'inondazione e l'intera coltivazione è rovinata. Vediamo che eventi simili si verificano ripetutamente. Così, anche quando facciamo ogni sforzo, non cogliamo i frutti perché la grazia divina è assente.

Lo sforzo e la grazia sono correlati. Diventiamo idonei a ricevere la grazia di Dio solo quando compiamo delle buone azioni. Quindi, figli miei, lasciate posto nella vostra mente solo ai buoni pensieri, perché i nostri pensieri determinano la natura delle nostre azioni. Preghiamo Dio perché in noi nascano sempre buoni pensieri e siano seguiti da buone azioni.

Om Namah Shivaya!

Il servizio altruistico è la verità non duale

Discorso di benedizione tenuto da Amma nel 1995, all'inaugurazione dell'Amrita Kripa Sagar, l'hospice per malati terminali di cancro a Mumbai

Amma si inchina a tutti voi che siete l'incarnazione dell'amore.

Alcuni figli di Amma, vedendo ora l'inaugurazione dell'ospedale, potrebbero chiedere: "Quanto è rilevante il servizio nella vita di un sannyasi, nella vita di rinuncia?". Figli miei, la verità è che la compassione per il povero è il nostro dovere verso Dio.

Il sole non ha bisogno della luce di una candela. Il sole dà luce al mondo intero. Il fiume non deve vagare cercando acqua per placare la sete. Siamo noi che abbiamo bisogno dell'acqua del fiume per spegnere la sete. In modo simile abbiamo bisogno della grazia di Dio se vogliamo godere pace e armonia nella vita, abbiamo bisogno di accettare l'amore e la compassione di Dio e poi condividerla con gli altri. Solo in questo modo la nostra vita sarà piena di luce.

Andiamo al tempio a compiere i riti di culto e, quando usciamo, sibilando, mandiamo via il povero che sta alla porta e implora: "Ho tanta fame!". Figli miei, quello non è il comportamento adatto ai devoti di Dio. Non dimenticate che essere compassionevoli verso i bisognosi è il nostro dovere verso di Lui.

Un sannyasi peregrinava ovunque in cerca di Dio. Andò nelle foreste, sulle montagne, nei templi e nelle chiese, ma in nessun posto riusciva a vedere Dio. Alla fine raggiunse un posto disabitato. Era molto stanco. Rimase in questa zona fittamente coperta da boschi per alcuni giorni.

E fu lì che vide passare ogni giorno una coppia sposata: ciascuno portava un vaso. Non vide nessun altro nella zona e, preso dalla curiosità, volle sapere dove stessero andando. Così, un giorno li seguì di nascosto e scoprì cosa facevano. La coppia visitava una colonia di lebbrosi: i corpi dei lebbrosi erano coperti dalle piaghe provocate dalle ferite di quella terribile malattia. Quelle persone non avevano nessuno che li aiutava e sopravvivevano solamente per il cibo che veniva occasionalmente dato in carità. Alcuni si contorcevano dal dolore. La coppia andava da loro a parlare amabilmente; con grande compassione puliva le ferite e somministrava le medicine, con le mani dava loro il cibo che aveva portato, raccontava molte cose positive ai malati e li copriva con teli puliti. Quando vedevano i due sposi, il viso di quelle povere persone inferme si illuminava. L'amore con cui la coppia li curava era tale che, durante quelle visite, i lebbrosi dimenticavano tutta la loro sofferenza.

Il sannyasi avvicinò l'uomo e la donna e chiese di raccontargli la loro storia. Essi risparmiavano una parte del salario e usavano quel denaro per fare questo servizio.

Per il sannyasi questa era la prima volta nella sua vita che sperimentava una cosa simile. Essendo stato testimone delle azioni di quella coppia, esclamò a voce alta: "Oggi ho visto Dio!", e si sentì così felice da incominciare a danzare. Chi lo sentì fu sorpreso: "Ha perso il senno? Dice che ha visto Dio! Dov'è quel Dio? È quel lebbroso il suo Dio?". Le persone lo avvicinavano e domandavano: "Tu dici di aver visto Dio. Chi è Dio?". Lui rispose: "Vedete, Dio si trova dove c'è la compassione. Dio risiede nel cuore compassionevole. Il vero Dio è la persona che ha un cuore simile".

Amma si ricorda di un'altra storia. C'era una donna che costantemente si dedicava ad assistere le persone bisognose, ma aveva un dubbio. Pregava dicendo: "Caro Dio, a causa di tutto questo lavoro, nemmeno per un momento sono capace di ricordarTi o di comunicare con Te. Quindi, ho un posto vicino a Te?". I suoi occhi erano colmi di lacrime di tristezza. Improvvisamente sentì la voce di Dio: "Figlia mia, anche se ti sembra di non aver posto vicino a me, io ti sono sempre accanto!".

Figli miei, Dio è certamente presente dove c'è il servizio altruistico. Alcune persone vanno in giro parlando dell'*Advaita* (non dualità), dicendo: "Non è tutto il Sé? Chi, allora, deve amare chi?" La risposta per loro è che l'Advaita non è qualcosa che si esprime con le parole. L'Advaita è la vita. Vedere e amare ciascuno come il nostro Sé, questo è veramente l'Advaita. A quel punto non ci identifichiamo più con il nostro sé individuale, vediamo che noi e l'universo non siamo due, ma uno. Questa è la non dualità, è il vero vivere. Dove c'è l'azione altruistica, è lì che si trova il paradiso. Potete chiedere: "Non è abbastanza servire altruisticamente? La meditazione e la ripetizione del mantra sono necessarie?". Se una persona normale è come un palo elettrico, un tapasvi (una persona che compie austerità) può accumulare così tanta forza da diventare come un grande trasformatore. Attraverso la pratica spirituale, concentrando la mente in un unico punto invece di pensare alle cose irreali, possiamo vedere veramente aumentare la nostra forza. Allora non abbiamo bisogno di cercare in nessun posto la forza per compiere il servizio altruistico.

Dobbiamo cercare di sviluppare una mente che sia come un bastoncino di incenso che si consuma mentre sparge il suo profumo nel mondo. Solo in una mente simile Dio diffonde la sua luce, solo lì fluirà la grazia di Dio. Dobbiamo essere certi che la nostra pratica spirituale sia accompagnata dal servizio altruistico. Questo corrisponde al versare del latte in un recipiente pulito. Compiere invece la pratica spirituale senza prestare alcun servizio è come versare il latte in un recipiente sporco. Figli miei, non pensiamo di poterci sedere pigramente e lasciarci servire dagli altri.

Un uomo vide una volpe che giaceva sul bordo della strada con una zampa rotta. Ne ebbe pietà e pensò: "Chi porterà cibo a questo animale ferito? Perché Dio fa cose come questa, in modo così sconsiderato?". Continuò a biasimare Dio e poi pensò: "Va bene, vediamo se viene qualcuno a nutrire questo povero animale". Si spostò un poco e si sedette. Poco dopo apparve un leopardo con un pezzo di cibo in bocca. Mangiò una parte della carne e lasciò il resto proprio vicino alla volpe. "Ma domani il leopardo porterà di nuovo il cibo?", si domandava l'uomo. Il giorno successivo tornò e aspettò là. Anche quel giorno il leopardo portò il cibo per la volpe. Questa divenne un'azione quotidiana. L'uomo pensò: "Il leopardo porta il cibo alla volpe. D'ora in poi non andrò più a lavorare perché certamente qualcuno porterà da mangiare anche a me". Si spostò in un altro posto e si sedette. Passò un'intera giornata e poi un'altra. Non ricevette nulla. Il terzo giorno era molto debole: arrivò al punto di perdere la propria fede in Dio quando sentì una voce che diceva: "Figlio, non fare come la volpe con la zampa rotta, sii come il leopardo che le porta il cibo!".

Figli miei, spesso pensiamo: "Lasciamo che siano quelle persone ad aiutare il mondo", oppure: "Che siano gli altri a prendersi cura dei sofferenti!". Ma, figli miei, sedersi pigramente senza fare nulla è una offesa a Dio. Dio ci ha dato la salute così che possiamo compiere del servizio per gli altri mentre Lo ricordiamo. Dobbiamo sviluppare una mente pronta ad aiutare quelli che lottano per sopravvivere, essere sempre pronti a servire secondo la situazione. Miei cari figli, questo è il modo più facile per ottenere la visione di Dio. Dio è sempre con noi. Non dobbiamo vagare in cerca di Dio. Ma solo quando un'intelligenza capace di discriminare si sveglia in noi, il Suo volere potrà agire attraverso di noi. Soltanto allora potremo sperimentare anche solo un poco la Sua presenza.

Figli miei, sino a questo momento abbiamo adorato il Dio invisibile. Ma ora Dio è apparso proprio davanti a noi! Tutto intorno a noi ci sono persone povere e sofferenti: esse sono il vero Dio! Amandole e servendole, serviamo e amiamo Dio.

La principale emozione in coloro che giungono in questo ospedale è la paura della morte. I pazienti che arrivano qui sono persone per le quali nessuna cura ha funzionato e hanno perso ogni speranza nella vita. La loro anima trema di dolore e di paura della morte. Per alleviare questo stato, dovremo spiegare loro la vera essenza della vita. Hanno bisogno di comprendere che la corrente elettrica non si arresta se si rompe la lampadina. Allora, riusciranno a lasciare questo mondo con un sorriso sul volto e con la pace nel cuore. Oggi ci viene data l'opportunità di compiere questo servizio. Preghiamo l'Onnipotente che ognuno possa raggiungere la pace.

L'ingresso principale dell'ospedale AIMS di Cochin (Kerala)

Dare un aiuto a chi fallisce

Discorso di benedizione di Amma all'inaugurazione
dell'AIMS (Istituto Amrita di Scienze Mediche),
maggio 1998, Kochi, Kerala

Amma si inchina a tutti voi che siete veramente l'incarnazione dell'amore e del Sé Supremo. Amma non sa tenere grandi discorsi o dare grandi consigli, tuttavia cercherà di dire qualcosa. Se ci sono errori, per favore, perdonatela.

Figli miei, la vita non è solo per chi ha successo, ma anche per chi fallisce. Vediamo che una larga parte delle persone normali pensa e parla solo dei propri risultati positivi. Tuttavia, perché il successo sia duraturo dobbiamo anche pensare ai nostri fallimenti e prestarvi attenzione.

Generalmente una persona che ha successo in qualcosa crede che esso sia interamente dovuto al suo sforzo personale e cerca di convincere gli altri di questo. D'altra parte, quando c'è un fallimento, la colpa è sempre di qualcun altro. La gente di solito dice: "Non hanno voluto seguire quello che gli avevo detto, se lo avessero fatto sicuramente avrebbero avuto successo!". La loro affermazione trae origine da un loro errato atteggiamento verso l'insuccesso.

Quando diciamo che qualcuno ha fallito, significa che ha cercato di fare e ha avuto il coraggio di rischiare. Solo quelli che provano possono fallire. Ogni azione, come per esempio, scalare una montagna, fare i primi passi per un bambino, pescare nell'oceano, studiare per un esame, imparare a guidare, implica qualche rischio. Lo spirito di avventura è necessario in ogni cosa. Qualsiasi azione si intraprenda, il successo e il fallimento ci seguiranno come un'ombra. A volte riusciamo e a volte falliamo, l'insuccesso non è qualcosa da temere. La paura di fallire ci impedirà di aver successo in futuro, non saremo capaci di ottenere niente. Ecco perché dobbiamo incoraggiare quelli che falliscono: essi devono venire spinti a tentare e bisogna insegnare loro a non avere paura. Nello sport vengono dati premi di consolazione anche ai giocatori che perdono. Essi vengono incoraggiati; è sempre bene spronare le persone.

Dobbiamo capire che la vita non è solo per i vincitori, ma anche per i perdenti e dovremmo essere disposti a dare loro un'opportunità. Dobbiamo perdonare i loro errori. Essere pazienti e perdonare è come lubrificare un motore, ci aiuterà ad andare avanti. Scartare chi ha sbagliato una sola volta corrisponde a fargli il male più grande. Per questo motivo si dice che non solo ai vincitori, ma anche ai perdenti, deve essere dato un premio nelle competizioni. Gli sconfitti non devono essere ridicolizzati, ma supportati. L'incoraggiamento è essenziale per mantenere l'entusiasmo. Oggi, solo ai vincitori è dato un posto nella vita, i perdenti vengono in genere derisi. Amma ritiene che, in realtà, il più grande fallimento è volere solo il successo nella vita.

La vita è per gli avventurosi, non per i disfattisti. La spiritualità insegna questo principio. Solo se viviamo secondo questo principio, possiamo creare una nuova generazione che rispecchi questo stesso ideale. Perdonare ora è forgiare per il futuro ed eleva non solo quelli che perdonano, ma anche chi è perdonato.

Figli miei, forse vi domandate: "Stiamo diventando come zerbini? Non perdiamo forse il senso di discriminazione se perdoniamo sempre e così via?". Al contrario, il farlo permette a entrambe le parti di progredire. Solo in chi capisce questo principio si può formare un vero atteggiamento al servizio altruistico. Il vero servizio disinteressato è compiuto con uno spirito di abbandono, è simile a un cerchio, non ha inizio né fine, perché è amore per il bene unicamente dell'amore. In questo atteggiamento non ci sono aspettative e consideriamo tutti quelli che stanno lavorando accanto a noi come un dono di Dio. Questo accade solo quando l'amore è presente e solo allora potremo perdonare gli altri e dimenticare i loro errori.

Sappiamo com'era il nostro grande antenato Sri Rama. La risposta che diede anche alla sua matrigna, Kaikeyi, responsabile del suo esilio di quattordici anni nella foresta, fu di prostrarsi davanti a lei e chiedere la sua benedizione prima di partire. Il Signore Krishna concesse la liberazione al cacciatore la cui freccia divenne lo strumento perché lui abbandonasse il corpo. Il Signore perdonò l'uomo per la sua ignoranza. Anche Gesù Cristo fece la stessa cosa. Sapeva che Giuda lo avrebbe tradito, tuttavia non esitò a lavare i piedi di Giuda e a baciarli.

Questi sono gli esempi mostrati dai nostri predecessori. Se li usiamo come modelli, sperimenteremo certamente la pace nella nostra vita.

La strada per il progresso della nazione

Molti pongono la domanda: "Come posso dedicare me stesso al beneficio del mondo e al progresso della nazione?". Questo paese si svilupperà e crescerà solo se possiamo creare individui forti, energici e impegnati. In effetti questo è ciò che fece Krishna, dando ad Arjuna, il grande guerriero arciere, la forza, la vitalità e l'efficienza per combattere l'ingiustizia, la falsità e la disonestà. Trasformò completamente l'atteggiamento di Arjuna verso la vita. Poiché era pronto a seguire le parole del Signore, Arjuna non criticò le circostanze che doveva affrontare, né fuggì da esse; combatté invece instancabilmente e andò avanti.

Anche il Signore Buddha riuscì in questa opera. Creò molti Buddha. Cristo fece la stessa cosa. Queste grandi anime crearono i benefattori del mondo quando erano sulla terra e continuarono a farlo anche dopo aver lasciato questo mondo.

Il più grande dono che possiamo offrire alla nazione è la creazione di una simile generazione futura. Lo sviluppo o la decadenza di una nazione dipende dalla forza della generazione futura.

Dobbiamo mantenere l'atteggiamento del principiante per tutta la vita. Oggigiorno, è cresciuto il nostro corpo ma non la nostra mente. Perché la mente si espanda come l'universo, dobbiamo mantenere l'atteggiamento interiore del bambino. Solo un bambino può crescere e ciò che rende possibile questo è la sua innocenza. Dobbiamo nutrire questa innocenza e assenza di ego. Solo allora diventeremo ricettivi alla grazia di Dio.

La base di ogni cosa è il Potere Universale, che gioca con noi e qualche volta ci eleva a grandi altezze. Quando ciò accade, guadagniamo reputazione e fama. Se invece quel Potere Universale non ci sostiene, cadremo e saremo schiacciati: dobbiamo sempre esserne consapevoli. A questo proposito, Amma racconta un aneddoto.

Alcuni ciottoli stavano ammucchiati lungo la strada. Passò un bambino, ne raccolse uno e lo gettò in aria. Mentre saliva, il sasso cominciò a sentirsi orgoglioso: "Guardatemi! Tutti gli altri ciottoli stanno laggiù. Io sono l'unico che vola così in alto e posso muovermi con il sole e la luna!". Il sasso incominciò a deridere quelli a terra: "Perché state ancora laggiù? Venite su!". Tutti gli altri ciottoli si consolavano: "Cosa possiamo fare? Era con noi fino a un momento fa, guardate ora la sua posizione! Ebbene, la buona sorte è necessaria per ogni cosa!". Ma la pietra che volava in alto non poté continuare a vantarsi a lungo poiché, quando cessò il potere del lancio, incominciò a cadere. Appena scese a terra disse agli altri: "Vedete! Mi spiaceva stare lontano da voi. Per questo sono tornato indietro e non sono restato su a lungo!". Trovare sempre una giustificazione per ogni cosa, la tendenza a giustificare persino una caduta, non ammettere mai i propri errori, questo è ciò che vediamo oggi nel mondo.

C'è saggezza dentro di noi, ma talvolta non siamo in grado di metterla in pratica. Quando un dottore si recò in una casa per una visita, gli vennero offerti Coca-Cola e latte di cocco fresco da bere. Lui scelse la Coca Cola. Sapeva che il latte di cocco fresco era la cosa migliore per la sete e che la Coca Cola era nociva per il corpo, ma essa era una bevanda di moda, così ignorò il latte di cocco. In modo analogo, spesso non applichiamo la nostra conoscenza alle azioni; dobbiamo trasformare la nostra conoscenza in azione perché solo allora sarà di qualche beneficio.

Oggi tutti sanno solo come prendere. La disponibilità a donare è assente nella maggior parte della gente. Un uomo cadde in una fossa. "Salvatemi! Salvatemi!", gridava. Un passante lo sentì e andò a soccorrerlo. Per fare uscire l'uomo dalla buca disse: "Dammi la mano", ma l'uomo nella buca non lo fece. Alla fine il soccorritore allungò la sua mano, dicendo: "Prendi la mia mano!". Immediatamente l'uomo l'afferrò. La maggior parte delle persone è proprio così. Vogliamo solo prendere e siamo molto riluttanti quando è il momento di dare. Se questo atteggiamento persisterà, porterà al declino della nazione. Forse non possiamo ispirare gli altri a dare solamente invece di prendere, ma almeno possiamo cercare di ispirarli a donare qualcosa. Questo è il modo per mantenere l'armonia nella nazione e nel mondo in generale. Figli miei, avete bisogno di capire questo e di andare avanti. Solo allora la nazione potrà progredire.

Con le Sue mani e piedi ovunque

Dio non è qualcuno seduto su un trono sontuoso in qualche posto lassù in cielo. Dio è oltre l'intelletto, è un'*esperienza*. Non si può vedere Dio con gli occhi, ma se si è attenti interiormente, si può vederLo. La presenza di Dio può essere sentita nel canto di un cuculo, nel gracchiare di un corvo, nel rombo dell'oceano e nel ruggito di un leone. La stessa Coscienza Suprema sta dietro i piedi che camminano, le mani che lavorano, la lingua che parla, gli occhi che vedono, il cuore che batte. La Coscienza Suprema riempie ogni cosa e ogni luogo. Questo ricorda ad Amma una storia.

In un certo villaggio era collocata la statua di un santo. Le braccia della statua erano tese e alla base della statua erano scritte le parole: *"Vieni tra le mie braccia!"*. Dopo molti anni la statua perse entrambe le braccia. Questo fatto preoccupò gli abitanti del villaggio. La scritta *Vieni tra le mie braccia!* poteva essere, invece, ancora letta chiaramente. Alcuni abitanti del villaggio suggerirono: "Erigiamo una nuova statua", ma gli altri non erano d'accordo e replicarono: "No, restauriamo la vecchia statua e diamole delle nuove braccia". Un vecchio si fece avanti e disse: "Non litighiamo per questo. Non c'è bisogno né di nuove braccia né di una nuova statua". Gli altri domandarono: "In tal caso, cosa significherebbero le parole che sono scritte sulla statua: *Vieni tra le mie braccia!*"?. Il vecchio rispose: "Quello non è un problema. Basta aggiungere nella riga sotto poche parole che dicano: *"Io non ho altre braccia che le tue. Le mie operano attraverso le tue"*.

Nello stesso modo, Dio non ha mani o piedi propri. Dio agisce attraverso di *noi,* quindi dobbiamo portarLo nelle nostre mani e nei nostri piedi. E abbiamo bisogno di portarLo nel nostro cuore e sulla nostra lingua. Noi stessi dobbiamo diventare Dio.

Nella vita, normalmente, accadono due cose: compiamo azioni e sperimentiamo i frutti di quelle azioni. Mentre le buone azioni portano buoni risultati, le azioni negative portano certamente cattivi risultati. Non spaventatevi per queste parole, figli miei. Se facciamo un passo verso Dio, Lui ne farà dieci verso di noi.

Nelle scuole di paese, agli studenti vengono dati voti positivi per aiutarli a superare gli esami. In questo modo chi ha scritto almeno qualche risposta può essere promosso. In modo simile, ci deve essere qualche sforzo da parte nostra. Se viene compiuto quello sforzo, seguirà sicuramente il successo poiché la grazia di

Dio fluirà verso di noi. Più che il nostro sforzo, è la grazia di Dio la ragione del successo. La grazia di Dio è ciò che aggiunge la dolcezza al nostro sforzo.

Insieme al nostro sforzo dobbiamo anche cercare di eliminare quell'"io" in noi. Solo allora potremo ricevere la grazia di Dio. Anche se Dio ci elargisce la Sua grazia essa, andrà sprecata se resta in noi il senso dell'"io". Le persone presentano domande di lavoro e quelle che superano i test sono chiamate per un colloquio. Molti candidati che soddisfano i requisiti richiesti di peso e altezza, si presentano ai colloqui con i loro titoli accademici ed eccellenti referenze. Ma quelli che rispondono senza errori alle domande non sono sempre scelti per il lavoro. Il motivo è che alcuni di loro non suscitano la grazia che ammorbidisce il cuore dell'intervistatore. Quella grazia è acquisita come frutto di buone azioni. Ci sono molti che cercano il modo facile per ottenere quello che vogliono, senza cercare di meritare quella grazia.

Si dice che dieci milioni di euro sulla terra equivalgano a un centesimo nel paradiso e che un secondo nel paradiso sia uguale a dieci milioni di anni sulla terra. Un devoto pregava Dio: "O Dio, Tu non sei la dimora della compassione? Non Ti chiedo molto. Benedicimi e dammi un centesimo del tuo mondo!". Dio rispose: "Naturalmente, sono felice di dartelo. Aspetta solo un secondo!".

Accade questo quando cerchiamo di ingannare Dio. Ma Dio non è sciocco! Dio è la grande Intelligenza che è la fonte di tutta l'intelligenza nell'universo. Dobbiamo ricordarcene. Il modo facile per raggiungere il successo nella vita è diventare quindi idonei alla grazia di Dio eseguendo buone azioni.

In ogni atto che facciamo dobbiamo obbedire alla voce della nostra coscienza. Qualsiasi cosa compiamo contro la nostra coscienza, ignorando quella voce, ci porterà agitazione, ci condurrà alla nostra rovina.

L'umiltà e la compassione

Amma dice sempre che la meditazione è preziosa come l'oro. La meditazione porta la prosperità materiale, la pace e la liberazione. Anche un solo momento passato in meditazione non è mai sprecato ed è di grande valore. Se oltre alla nostra meditazione, proviamo anche compassione, è come oro profumato! Un viso sorridente, una parola gentile, uno sguardo compassionevole, tutto questo è vera meditazione. Anche una nostra parola detta senza attenzione ha grande valore! Ciascuna nostra parola, quindi, va espressa con grande cura. Dobbiamo stare attenti a non pronunciare neppure una parola che possa addolorare un altro, perché qualsiasi cosa diamo ci tornerà indietro. Se causiamo dolore, riceveremo dolore, mentre se diamo amore, gioia e amore saranno nostri.

Un giorno dei viaggiatori persero la strada e si ritrovarono in un posto sconosciuto. Incontrarono un uomo sul cammino e gli chiesero la via. Scortesemente domandarono: "Ehi, tu! Come possiamo raggiungere quel posto?". Sentendo quel tono arrogante, l'uomo decise di far correre qua e là quelle persone altezzose e diede loro indicazioni che li fecero girare in tondo.

Se avessero tenuto a freno la loro arroganza e chiesto gentilmente, l'uomo avrebbe cercato di aiutarli. Li avrebbe portati da qualcuno. Se parliamo con amore e umiltà, otteniamo una risposta adeguata. Per questo si dice che ogni parola che usiamo deve essere scelta con grande cura.

Un uomo va in un certo quartiere a cercare lavoro. "Sono un poveruomo. Sono disoccupato, vi prego, datemi da lavorare!", implora. Ma le persone lo allontanano. Il povero va in un'altra località ma, anche in quella, la gente gli ordina, urlando, di andarsene. Se questo si ripetesse per dieci volte, l'uomo potrebbe anche non volere più vivere e desiderare di suicidarsi. Supponiamo invece che qualcuno amabilmente gli dica: "Sii paziente. Se si presenta qualche offerta, certamente ti chiamerò!". Questo può salvare la sua vita. Dobbiamo quindi essere sicuri che ogni nostro pensiero e parola siano colmi di amore e compassione. La grazia di Dio fluirà automaticamente verso quelle persone. "O Dio fa' che i miei pensieri, sguardi e parole non nuocciano a nessuno!". Tale preghiera fatta con tutto il cuore indica cosa sia la vera devozione. Questa è la vera conoscenza, il nostro reale dovere verso Dio.

Il sole non ha bisogno della luce di una candela. Dio non ha bisogno di niente da noi. Tutto ciò che Dio si aspetta da noi è un cuore compassionevole. Dobbiamo andare tra i sofferenti e portare loro pace: questo è ciò che Dio vuole. È la nostra gentilezza affettuosa verso chi soffre che ci rende idonei alla grazia dello Spirito Supremo.

Amma non vuole disturbarvi parlando più a lungo. Amma non può affermare che tutte le istituzioni di questo ashram si siano realizzate grazie alle sue capacità. Siamo riusciti a fare tutte queste cose per l'abilità dei devoti, miei figli come lo siete voi. Migliaia di figli di Amma faticano duramente otto ore al giorno senza ricevere alcun compenso. Neppure questo ospedale fu costruito tramite un appalto: i figli di Amma hanno lavorato secondo le loro capacità. All'inizio furono commessi alcuni sbagli, ma nessuno venne rimosso per questo. Per quell'incoraggiamento, e con la grazia di Dio, essi furono in grado di correggere gli errori e completare il lavoro in modo eccellente. Diamo a chi sbaglia un'altra possibilità ed eleviamoli invece di rifiutarli. Dando una mano a chi non ha successo possiamo elevarlo al rango del vincitore.

Shiva…Shiva… Shiva.

Trasformare ogni giorno
in una festa di Onam

Messaggio di Amma per l'Onam del 1998
ad Amritapuri

Oggi è Onam, un giorno di festa, eccitazione, entusiasmo e gioia. È un giorno durante il quale anche la persona più infelice cerca di dimenticare la propria sofferenza. Si dice che ricordare dimenticando sia il vero ricordo. Se un dottore si ricorda continuamente della moglie e dei figli mentre opera, l'intervento non avrà successo. Perché l'operazione vada bene, deve concentrarsi completamente sul lavoro che sta compiendo. Nello stesso modo, quando arriva a casa e i figli corrono da lui per ricevere il suo amore, gridando: "Papà! Papà!", se continuasse a pensare ai suoi pazienti, non sarà un buon padre. E se non ascoltasse la moglie quando gli parla dei suoi problemi, non potrà essere neppure un buon marito. Il medico dimentica casa sua mentre è all'ospedale e l'ospedale quando è a casa. È con questa capacità di dimenticare che si ottiene successo al lavoro e felicità nella vita.

È sufficiente divertirsi solo il sacro giorno di Onam? La vita non potrebbe essere gioiosa ogni giorno? Essere felici solo un giorno all'anno e tristi in tutti gli altri? È possibile la felicità solo per un giorno? Anche in quell'unico giorno siamo veramente felici? Pensateci, figli miei!

Non solo un giorno, ma tutti i trecentosessantacinque giorni dell'anno devono essere colmi di gioia. La nostra vita intera deve diventare una festa! La spiritualità ci insegna il modo per ottenere questo. Bisogna rifugiarsi totalmente nell'Essere Supremo perché questo abbandono abbia luogo. Questo è ciò che Mahabali ci mostrò realmente. Mahabali era un asura, ma fu capace di abbandonare se stesso - il suo senso dell'*io* - all'Essere Supremo.

Dio non ci chiede nient'altro che questo. Dio è la personificazione della compassione. Egli sta umilmente con entrambe le braccia stese verso di noi per ricevere il nostro ego. L'ego è l'offerta che Dio preferisce da noi e che dobbiamo offrire a Dio. Mahabali lo fece. Se non siamo pronti a farlo, allora Dio in qualche modo estrarrà l'ego da noi! Dio sa che solo così sperimenteremo la vera felicità. Questo abbandono allo Spirito Supremo determina la purificazione della mente e dell'intelletto. In questo modo potremo trasformare la nostra vita in una festa.

Si dice che nella vita è possibile essere felici solo quando c'è sacrificio, e nella vita vi sono molti piccoli sacrifici. I tifosi di calcio sono pronti a sopportare la pioggia e il sole cocente per vedere una partita. Quando un bambino è ammalato, i genitori stanno svegli tutta la notte a curarlo, anche se hanno lavorato tutto il giorno e sono esausti. Questi sono piccoli sacrifici. Ma, per conquistare la gioia suprema, che dura per sempre, è necessario un grande sacrificio: il sacrificio dell'ego.

Solo attraverso il sacrificio troveremo la felicità. Da un piccolo sacrificio proveremo una gioia che dura per un breve momento, non è eterna. Forse vi ricordate il racconto che molti di voi sentivano da bambini. È la storia del pezzo di argilla e della foglia secca che giocavano a nascondino. È una storia per bambini piccoli, ma ha un significato importante. Mentre il pezzo di creta e la foglia giocavano, il vento incominciò a soffiare. Il pezzo di creta si preoccupò e pensò: "Oh, no! La foglia potrebbe volar via!". La creta si mise sopra alla foglia e la salvò. Poco dopo, incominciò improvvisamente a piovere. La foglia si mise sopra al pezzo di creta e lo riparò dalla pioggia e la creta fu salva. Ma quando arrivarono insieme la pioggia e il vento, voi sapete cosa accadde: la foglia fu soffiata via e la creta fu sciolta dalla pioggia. La nostra vita è così: quando si dipende dagli altri, ci vengono date piccole porzioni di felicità, ma se siamo davanti a un grande pericolo, non ci sarà nessuno a salvarci. Allora, la nostra unica salvezza sarà rifugiarci presso l'Essere Supremo. Quell'abbandono è l'unica protezione. È il solo modo per mantenere la felicità durante la vita.

Vivere in questo momento

Figli miei, possiamo portare molti carichi di dolore: il figlio che non ha trovato lavoro, la figlia che non è sposata, non abbiamo costruito la casa che sognavamo, non guariamo da una malattia, ci sono discordie in famiglia, gli affari vanno male, e così via. Ci abbrustoliamo come polpette di riso[5], pensando ai nostri guai. La mente è tesa e questa tensione è la causa di tutte le malattie. L'abbandono è il solo modo per rimuovere queste tensioni. Che senso ha sopportare tutto questo stress e soffrire? Noi dobbiamo compiere le nostre azioni al meglio delle nostre capacità, usando la forza che Dio ci ha dato e poi lasciare che le cose si svolgano secondo il volere di Dio. Lasciate ogni cosa all'Essere Supremo: prendere totale rifugio in Dio è il solo modo. Non ha senso lasciarci bruciacchiare, pensando a ciò che è andato e a ciò che ancora deve venire. Solo questo momento presente è con voi. State attenti a non perdere questo momento a causa della vostra sofferenza.

Il 'domani' non arriverà mai. Possiamo sperimentare solo *il momento presente*. Non sappiamo neppure se riusciremo a fare un altro respiro. Miei cari figli, dobbiamo cercare di vivere nel momento presente.

Questo non significa che non dobbiamo programmare il futuro. Prima di costruire una casa, dobbiamo fare un progetto. Mentre lo disegniamo, tutta la nostra attenzione deve essere lì e quando costruiamo la casa, la nostra attenzione deve essere in quello, ecco cosa intende Amma.

Occorre disegnare il progetto prima di costruire un ponte. In questa fase non dobbiamo passare il tempo focalizzando la

---

[5] Le polpette di riso devono cuocere a lungo.

nostra attenzione sulla costruzione, ci concentriamo infatti sul progetto. E quando in seguito costruiremo il ponte, tutta la nostra attenzione sarà su quello. Prepararsi per il futuro va certamente bene, ma qual è lo scopo di diventare eccessivamente ansiosi su ciò che deve ancora avvenire? La cosa importante è che si trascorra questo istante in modo utile e felice. Amma spiega come farlo. Dobbiamo vivere il momento attuale in modo che procuri la massima gioia a noi e al mondo.

Per essere felici in questo momento, dobbiamo dimenticare ciò che è passato e ciò che deve ancora venire. Questo è possibile se il nostro abbandono verso l'Essere Supremo è totale. Allora la vita diventerà una festa e sarà Onam 365 giorni all'anno!

Quindi, figli miei, offriamo noi stessi all'Essere Supremo e trasformiamo la vita stessa in una festa.

Purificare la mente

Figli miei, anche se siamo orgogliosi di appartenere al genere umano, questo aspetto riguarda solo la forma esterna. Dentro siamo ancora una grande scimmia! La nostra mente è ancora quella della scimmia! Quando il feto umano è nell'utero, la sua forma iniziale è simile a quella del pesce, poi assomiglia a una scimmia e infine, dopo essere nati come un essere umano, siamo riluttanti a rinunciare alla nostra natura di scimmia. Una scimmia su un albero volteggia da un ramo all'altro. Ma la scimmia umana fa molto di più: con un salto raggiunge la luna, con un altro atterra in America e, con un altro ancora, in Russia. Con un balzo è nel lontano passato e in quello dopo nel futuro. La mente umana si comporta in questo modo! Trasformare una simile mente non è un piccolo compito. Il potere di questo nostro precedente samskara è veramente così grande!

Tre uomini camminavano lungo una strada. I loro nomi erano: Ramu, Damu, e Komu. Mentre camminavano, qualcuno da dietro chiamò: "Ehi, Ramu!". Ramu si voltò. Dopo qualche momento, qualcuno gridò: "Ehi, Damu!", questa volta Ramu si girò. Dopo un po' sentirono: "Ehi, Komu!", e Komu si voltò. Mentre proseguivano, qualcuno improvvisamente disse ad alta voce: "Ehi, voi scimmie!"... Pare che tutti e tre si girarono!

Questa è una tendenza innata che risale al passato. L'essere umano ha una mente scimmia che corre continuamente in differenti direzioni ed è molto difficile cambiarla. Per controllarla, occorre piegarla a cerchio: i pensieri che corrono ovunque vanno messi in ordine e controllati; l'umiltà e l'abbandono sono le qualità necessarie per riuscirci. Se abbiamo queste qualità, i nostri pensieri non vagabonderanno come vogliono. Se un serpente mette in bocca la sua coda, non può muoversi in avanti. Nello stesso modo, se possiamo piegare la mente al nostro volere, i pensieri indesiderati scompariranno e la nostra mente sarà sotto il nostro controllo.

Mahabali ebbe l'umiltà di piegare il capo davanti allo Spirito Supremo, fu capace di abbandonarsi a Dio. Come risultato, la sua mente diventò espansa come l'universo e l'amore e la compassione riempirono il suo essere. Così evolse dallo stato demoniaco a quello divino.

Anche noi possiamo trasformare la nostra mente attuale dal livello della scimmia a quello del divino: tutto quello che dobbiamo fare è abbandonarci a Dio. Dobbiamo essere disposti a chinare la testa davanti a Dio, dobbiamo sviluppare l'umiltà. Amma ci dice spesso che è cresciuto il nostro corpo, ma non la nostra mente. Questa è la nostra condizione odierna. Perché la mente si espanda come l'universo, dobbiamo prima diventare come dei bambini, perché solo un bambino può crescere.

Quando colleghiamo un tubo a un serbatoio, tutta l'acqua contenuta all'interno fuoriesce e in questo modo l'acqua che era nella cisterna è di utilità al mondo. Similmente dobbiamo collegarci con lo Spirito Supremo e allora il potere infinito di

Dio fluirà attraverso di noi. Connettersi allo Spirito Supremo significa liberarci del senso dell'*io* e abbandonare ogni cosa a Lui. Con l'atteggiamento che noi non siamo nulla, diventeremo veramente ogni cosa. Questo è il significato del detto: "Se sei uno zero diventi un eroe[6]".

Un devoto deve avere le seguenti qualità: essere umile con gli altri, mostrare riverenza nei confronti di tutti gli esseri viventi, avere compassione e mantenere sempre l'atteggiamento del principiante. Questa è la cultura che gli antichi Rishi ci donarono. Se assorbiamo queste qualità e viviamo in accordo con esse, possiamo raggiungere lo scopo supremo della vita.

[6] NdT la forma inglese: "If you are a zero, you become a hero" è un detto diffuso che non ha un corrispondente in italiano di simile efficacia.

Glossario

Advaita - Non dualismo, la filosofia che insegna che il Creatore e la creazione sono uno e sono indivisibili.

Archana - 'Offerta per il culto'; una forma di adorazione nella quale vengono ripetuti senza interruzione 108, 300, 1000 nomi diversi della stessa divinità.

Arjuna - Il terzo dei cinque fratelli Pandava; grande arciere, eroe del Mahabharata. Era amico e discepolo di Krishna ed è a lui che Krishna si rivolge nella Bhagavad Gita.

Ashram - 'Luogo d'impegno". Un luogo dove l'aspirante spirituale vive, o che visita, per condurre una vita spirituale e impegnarsi nella pratica spirituale. È di solito la residenza di un maestro spirituale, di un santo, o di un asceta che guida gli aspiranti.

Asura - Un demone, una persona con qualità demoniache.

Atman - Il Sé trascendente, lo Spirito o la Coscienza eterna, la nostra vera natura. Uno dei principi fondamentali del Sanatana Dharma è che noi siamo il Sé eterno, puro e senza imperfezioni (Spirito).

Avatar - 'Discesa', incarnazione dell'Essere Supremo. Lo scopo di una incarnazione di Dio è quello di proteggere il bene, distruggere il male, ripristinare la giustizia nel mondo e condurre l'umanità alla meta spirituale della realizzazione del Sé. È raro che una incarnazione sia una discesa completa del Divino (*Purnavatar*).

Bhagavad Gita - 'Canto del Signore'; *Bhagavad* = del Signore; *Gita* = canto. Si riferisce in particolare ai consigli e agli insegnamenti che Krishna diede ad Arjuna sul campo di battaglia di Kurukshetra, all'inizio della guerra del Mahabharata. È una guida pratica per la vita quotidiana di ognuno e contiene l'essenza della saggezza vedica. È comunemente conosciuta come la Gita.

Bhagavatam - Una delle diciotto Scritture conosciute come i Purana; descrive in particolare le incarnazioni di Vishnu e narra molto dettagliatamente la vita di Sri Krishna. Sottolinea l'importanza del sentiero della devozione. È anche nota come lo Srimad Bhavagatam.

Bhakti – Devozione.

Bhava - Atteggiamento, umore o stato divino.

Bhima - Il secondogenito dei cinque fratelli Pandava, la cui storia è narrata nel Mahabharata.

Brahmachari - Un discepolo celibe che pratica con costanza le discipline spirituali sotto la guida di un Guru.

Brahman - La Realtà Assoluta, il Tutto, l'Essere Supremo, 'Quello' che comprende e pervade ogni cosa, l' Uno e indivisibile.

Darshan – Visione del Divino o incontro con una persona santa.

Dhanvantari – Nei Veda e nei Purana è indicato come il medico degli esseri celesti (*deva*). La divinità che presiede alla medicina.

Dharma - Dalla radice *dhri;* sostenere, reggere, sorreggere; tradotto spesso semplicemente come 'rettitudine'. Il termine Dharma ha molti significati profondamente connessi tra loro: ciò che regge l'universo, le leggi della Verità, leggi universali, le leggi della natura in accordo con l'armonia divina, rettitudine, religione, dovere, responsabilità, giusta condotta, giustizia, bontà e verità. Dharma designa i principi intrinseci della religione, la vera natura, le funzioni e le azioni che sono proprie di un essere o di un oggetto. Ad esempio, il dharma del fuoco è bruciare; il dharma di un essere umano è quello di vivere in armonia con i principi spirituali e sviluppare una più alta consapevolezza.

Gopi - Le gopi erano giovani pastorelle e lattaie che vivevano a Vrindavan. Erano le devote più vicine a Krishna. Note per la loro suprema devozione al Signore, sono l'esempio del più intenso ed estremo amore per Dio.

Grihasthashrami - Una persona che è dedita alla vita spirituale mentre conduce una vita di famiglia.

Ishta Devata - 'la Divinità Amata', la divinità che si è scelta di adorare in accordo con la propria natura e che è l'oggetto del proprio più grande desiderio e meta suprema.

Ithihasa – 'Così fu', storia epica, che comprende in particolare il Ramayama e il Mahabharata. Questo termine alcune volte si riferisce ai Purana, specialmente allo Skanta Purana e allo Srimad Bhagavatam.

Kali Yuga - 'Età dell'oscurità'. Nel ciclo della creazione, vi sono quattro ere o periodi di tempo (vedere Yuga nel glossario). Attualmente viviamo nel Kali Yuga, periodo in cui vi è un declino spirituale della civiltà umana e prevale l'ingiustizia. È chiamata era oscura principalmente perché le persone sono il più lontano possibile da Dio.

Krishna - 'Colui che ci attira a sé', 'l'Oscuro' (oscuro in questo contesto si riferisce alla Sua immensità e all'impossibilità di essere compreso e conosciuto da parte dell'intelletto e della mente limitati). Krishna nacque in una famiglia reale, ma crebbe con i genitori adottivi e visse come giovane pastorello a Vrindavan, dove fu amato e adorato dalle compagne devote, le gopi (pastorelle e lattaie) e dai gopa (pastorelli). In seguito regnò su Dwaraka. Fu amico e consigliere dei suoi cugini, i Pandava, e specialmente di Arjuna, al quale rivelò i suoi insegnamenti nella Bhagavad Gita.

Kuchela - Kuchela fu un amico di infanzia del Signore Krishna. Da adulto visse in condizioni di grande povertà, la moglie e i suoi figli pativano la fame. Un giorno sua moglie gli disse: "Il Signore Krishna non era tuo compagno di classe? Vai da lui e chiedigli aiuto". Kuchela acconsentì. Ma come poteva andare dal suo vecchio amico a mani vuote? Non c'era niente nella sua casa da portare tranne una manciata di riso schiacciato.

Kuchela partì per Matura con il riso schiacciato come unico dono. Durante il cammino si domandava come Krishna l'avrebbe ricevuto. Krishna era famoso e abitava in un palazzo mentre lui, Kuchela, viveva miseramente. Ma non appena Krishna lo vide, gli corse incontro e lo abbracciò, lo invitò nel palazzo e lo trattò con grande affetto. Kuchela era esitante a offrire la sua manciata di riso schiacciato, invece Krishna la afferrò, la mangiò, la offrì agli altri e ne lodò il sapore. Kuchela trascorse felicemente quattro giorni nel palazzo e si dimenticò completamente di chiedere a Krishna di alleviare la sua povertà. Ma quando al ritorno raggiunse la sua dimora, scoprì che Krishna gli aveva inviato oro, vestiario elegante e denaro e gli aveva fatto costruire una splendida casa.

Mahabali - Mahabali è celebrato nel giorno di festa di Onam. Mahabali era un potente re asura che sconfisse i deva in battaglia ed estese il suo dominio sul reame celeste. Aditi, la madre di tutti i deva, era preoccupata per il destino della sua progenie e pregò il Signore Vishnu di salvarli. Il Signore Vishnu nacque come suo figlio, assumendo le sembianze di Vamana, il divino ragazzo nano. Vamana, travestito da brahmachari, visitò Mahabali che gli diede il benvenuto e gli promise qualsiasi dono volesse. Vamana chiese solo tanta terra quanta avrebbe potuto percorrere con tre dei suoi passi. Mahabali la considerò una banale richiesta, ma garantì a Vamana la terra, nonostante il suo Guru lo avesse avvertito che Vamana non era altro che il Signore stesso venuto sotto un altro aspetto. Non appena il nanetto iniziò a misurare la terra con i suoi passi, crebbe in misura immensa e percorse tutti i mondi con solo due passi. Poiché non c'era più posto per il terzo passo, Mahabali lietamente si abbandonò al Signore e offrì il suo capo come luogo su cui il Signore potesse appoggiare il suo piede. Nella versione popolare della storia, il Signore con i Suoi piedi spinse

Mahabali nel mondo inferiore, ma, come Amma sottolinea, questa non è la corretta interpretazione della storia, che infatti non si svolge così nello Srimad Bhagavatam. Il vero scopo del Signore era distruggere l'ego di Mahabali, che comunque era un Suo grande devoto. A Mahabali, nel Bhagavatam, viene dato un posto molto speciale nel mondo di Sutala dove si ritira con il suo illustre nonno, Prahlada, uno dei più grandi devoti del Signore. Il Signore stesso promise di porsi come custode della porta di Mahabali in quello splendido mondo. L'essenza della storia è che il Signore benedice il suo devoto distruggendo il suo ego, elevandolo allo stato supremo. Si dice che Mahabali chiese al Signore che gli fosse permesso di visitare i suoi cari sudditi una volta all'anno e Onam è il giorno in cui compie questa visita. Secondo la leggenda, Mahabali fu un grande sovrano e alla sua guida tutti gli abitanti vivevano in ricchezza e in condizioni di eguaglianza; nel giorno di Onam la gente del Kerala ricorda il suo regno d'oro. Solo in Kerala il nome di Mahabali è associato con una festa speciale. Il Bhagavatam non menziona la richiesta di Mahabali di visitare annualmente i suoi sudditi.

Mahatma - 'Grande anima'; quando Amma usa il termine mahatma si riferisce a un'anima che ha realizzato il Sé.

Onam - Onam è la festa più importante in Kerala. È celebrata il primo mese del calendario malayalam e ha le caratteristiche delle celebrazioni per l'Anno Nuovo e per il raccolto. Ciascuno, indipendentemente dalla casta, dal credo, o dalla ricchezza, si diverte e festeggia questo giorno indossando nuovi vestiti e gustando cibi speciali. Onam segna l'annuale ritorno dello spirito del mitico Mahabali al suo regno.

Pada puja - L'adorazione dei piedi di Dio, del Guru o di un santo. Poiché i piedi sostengono il corpo, il principio del Guru sostiene la Verità Suprema. I piedi del Guru, quindi, rappresentano la Verità Suprema.

Payasam - Un budino di riso dolce.

Prarabdha - 'Responsabilità, carichi.' I frutti delle azioni passate di questa e di vite precedenti che si manifesteranno in questa vita.

Puja - 'Adorazione.' Rituale sacro; cerimoniale di adorazione.

Radha - Una delle gopi di Krishna, la più vicina a Krishna. È la personificazione del più alto e puro amore per Dio.

Rahu - Uno dei *navagraha* (nove pianeti). Rahu è il nodo lunare ascendente. Nella mitologia induista, Rahu è il serpente che inghiotte il sole o la luna causando le eclissi.

Rama - 'Colui che dà gioia', l'eroe divino nell'epica Ramayana; fu un'incarnazione del Signore Vishnu ed è considerato l'emblema del dharma e della virtù.

Ramayana - 'La vita di Rama'; fu scritto da Valmiki, narra la vita di Rama ed è uno dei due maggiori poemi epici storici indiani (l'altro è il Mahabharata). Rama è un'incarnazione di Vishnu. Una parte importante dell'epica descrive come Sita, la moglie di Rama, fu rapita e portata nello Sri Lanka da Ravana, il re demone, e come fu salvata da Rama e dai suoi devoti, fra i quali c'era il grande devoto Hanuman.

Rishi - Rsi = sapere. Veggenti che hanno realizzato il Sé; il nome si riferisce abitualmente ai sette Rishi dell'antica India, anime realizzate che potevano 'vedere' la Verità Suprema.

Sabarimala - Un centro di pellegrinaggio in Kerala con un famoso tempio dedicato al Signore Ayyappan.

Samadhi - Uno stato di profonda concentrazione su un punto; in esso tutti i pensieri si calmano e la mente diviene completamente immobile. Rimane solo la Pura Consapevolezza, poiché si dimora nell'Atman (il Sé). È descritto come uno stato in cui lo sperimentatore, l'esperienza e l'oggetto sperimentato sono uno.

Samsara - Il continuo ciclo di nascita, morte e rinascita.

Samskara - Samskara ha due significati: la totalità delle impressioni registrate nella mente dalle esperienze di questa o di esistenze precedenti, che influenza la vita di un essere umano - la sua natura, le azioni, lo stato della mente, ecc; l'accensione, l'attivazione della giusta comprensione (conoscenza) in ogni persona, che porta alla purificazione del suo carattere.

Sanatana Dharma - La Religione Eterna, l'Eterno Principio, il nome tradizionale dell'Induismo.

Sankalpa - Una risoluzione creativa, integrale che viene manifestata. Il sankalpa di una persona ordinaria non sempre porta i frutti corrispondenti, il sankalpa invece di un essere realizzato inevitabilmente manifesta il risultato a cui mira.

Sannyasi o sannyasini - Un monaco o una monaca che ha fatto voti formali di rinuncia; tradizionalmente indossa vestiti ocra, che simboleggiano l'avere bruciato tutti gli attaccamenti.

Satsang - Sat = verità, essere, sanga = associazione con; essere in compagnia di un santo, saggio e virtuoso. Anche discorso spirituale tenuto da un saggio o uno studioso.

Seva - Servizio altruistico.

Sita - La moglie di Rama. È considerata un modello femminile di perfetta virtù.

Sri Lalita Sahasranama - Un testo sacro che viene recitato e che consiste nei 1000 nomi della Madre Divina; ciascun nome è un mantra.

Tapas - 'Calore', autodisciplina, austerità, penitenza e sacrificio; pratiche spirituali che bruciano le impurità della mente.

Tapasvi - Una persona che pratica seriamente tapas.

Vanaprastha - Lo stadio solitario della vita. Nell'antica tradizione indiana ci sono quattro stadi nella vita. All'inizio il giovane è mandato in un gurukula, dove studia e vive la vita da celibe (*brahmachari*). Poi si sposa e vive assolvendo le sue responsabilità famigliari, pur dedicandosi alla vita spirituale (*grihasthashrami*). Quando i figli della coppia sono abbastanza grandi per prendersi cura di se stessi, i genitori si ritirano in un eremitaggio o in un ashram, dove vivono una vita interamente consacrata alla spiritualità, compiendo pratiche spirituali (van*aprastha*). Questo corrisponde al terzo stadio della vita. Durante il quarto stadio, essi rinunciano completamente al mondo e vivono da *sannyasi*.

Vedanga - Rami del sapere che sono ausiliari dei Veda.

Vedanta - 'Conclusione dei Veda'; la filosofia delle Upanishad, la parte finale dei Veda che sostiene che la Suprema Verità è l'"Uno senza secondo".

Vedantin - Una persona che segue il sentiero del Vedanta.

Veda - 'Conoscenza, saggezza', le antiche Scritture sacre dell'Induismo. Una serie di testi sacri in sanscrito, suddivisi in quattro parti: Rig, Yajur, Sama e Atharva Veda. I Veda, che sono tra le più antiche Scritture del mondo, consistono di 100.000 versi e anche di brani di prosa. Furono portati nel mondo dai Rishi, che erano saggi realizzati. I Veda vengono considerati essere una diretta rivelazione della Verità Suprema.

Viveka - Discriminazione, abilità di discernere tra il reale e l'irreale, tra l'eterno e l'effimero, il dharma e l'adharma (ingiustizia), ecc.

Yudhisthira - Il più anziano dei cinque fratelli Pandava. Fu il re di Hastinapura e Indraprastha; è conosciuto per la sua pietà senza macchia.

Yuga - Età o eone; ci sono quattro yuga: *Satya* o *Krita Yuga* (l'Età dell'oro), *Treta Yuga, Dwapara Yuga* e *Kali Yuga* (Età oscura). Attualmente viviamo nel Kali Yuga. Si dice che gli yuga si succedano quasi incessantemente l'uno all'altro.